생사학 워크북 1

생사학 워크북 1

2023년 12월 8일 1쇄 찍음
2023년 12월 15일 1쇄 펴냄

지은이   생사학실천마을
펴낸곳   솔트앤씨드
펴낸이   최소영

등록일   2014년 4월 7일 등록번호 제2014-000115호
전화   070-8119-1192
팩스   02-374-1191
이메일   saltnseed@naver.com
ISBN   979-11-88947-12-6   03180

생사학 워크북 1

생사학실천마을 지음

양준석 · 강원남 · 오영진 · 김경희 · 이나영 · 이지원 · 정영미

솔트앤씨드

살아가는 법을 배우듯 죽음을 배운다

우리는 지금 과거와 다른 새로운 시대를 살고 있습니다. 인지과학과 생명과학의 발달로 인해 예전에 가졌던 생명에 대한 믿음은 치워버린 지 이미 오래입니다. 이 변화를 따라가지 못하면 도태되어 사라질 것 같은 두려움 때문인지 변화의 속도와 방향을 잡으려고 애쓰는 모습입니다. 실제 생명복제, 생명연장 기술 등이 발달하면서 평균수명이 늘어나고 있으며 삶의 질 또한 높아지고 있습니다.

그런데 이러한 생명연장과 삶의 질 향상이 진정한 의미에서 '인간다운 삶의 질'을 담보하며 발전하는 것인지에 대해서는 여러 의견이 있으며, 특히 윤리적 관점에서 커다란 딜레마에 빠져 있습니다. 특별히 생명과 삶, 죽음에 주요한 원리와 논의를 끌어내면서 '인간이란 무엇인지', '인간다움은 무엇인지'를 탐구하는 철학적 입장에선 여간 고민스러운 것이 아닙니다. 이 딜레마를 떠올리면 육체적인 고통(pain)뿐만 아니라 정신적인 괴로움(suffer)을 겪고 있는 임종기의 환자나 생의 마지막 시기를 지나가는 사람들을 향해 진정으로 삶의 목적과 의미에 대한 질문들을 던지게 됩니다. 예를 들면 안락사1나 존엄사2와 같은 불편한 진실들이 수면 위로 떠오르고 있는 것을 이와 같은 맥락에서 이해할 수 있습니다.

이미 우리 사회도 1997년 12월 보라매병원 사건, 2009년 5월 연명의료중지에 관한 대법원 판결, 2018년 연명의료결정법 시행 등으로 죽음의 문제를 사회적인 의제로 꺼내면서 제도화를 끌어내는 수준까지 오고 있습니다. 2022년 6월 안규백 의원이 연명의료결정법의 일부 개정안을 발의하면서 소위 '조력존엄사법'에 대한 논의로 의학과 법학, 윤리학과 철학 등의 관련 학계와 사회 다양한 분야에서 적지 않은 논쟁을 일으키고 있습니다. 이 논쟁은 통과 여부를 떠나 '생명에 대한 자기 결정권'에 대한 문제를 제기하고 있어 이전과는 다른 양상으로 논의가 흐르고 있습니다. 물론 '생명의 존엄성'이나 '생명은 신의 주권'이라는 관점에서는 이 물음 자체가 옳은가 그른가의 논쟁으로 비화되고 있어 이에 대한 지리한 논쟁들이 이어질 것이라 생각합니다.

특히 '조력존엄사법' 논의를 통해 '생명에 대한 자기 결정권'에 대한 논의는 시작되었고, 관련 여론조사를 통해 그 근거를 만들어내는 상황에서 '좋은 죽음'에 대한 정리와 논의 과정은 매우 중요해졌습니다. 다만 이 과정에서 자주 혼용되어 사용하고 있는 죽음과 관련된 논의가 자칫 '미끄러운 비탈길의 오류'3에 빠지지 않도록 노력해야 합니다. 실제 비탈길에서 미끄러지지 않으려면 자신이 딛고 있는 현실에 대한 이해를 통해 얼마만큼 기울어져 있는지를 살펴보고 그에 기초해

---

1 역사적으로 '안락사'란 말을 처음 사용한 사람은 로마의 역사가 수에토니우스이다. 『황제열전』에서 카이사르가 "신속하게 고통 없이…… 축복받은" 죽음을 '안락사'라고 칭한 것이 역사에 따라 윤리와 이념, 그리고 행위의 주체까지 포함하는 복합적 의미로 사용되고 있다.

2 존엄사는 존엄성을 죽음의 의미에 붙이는 것으로 사회적 지지를 끌어내기 위해 사용한 개념이라 생각된다. 존엄사는 1972년 오리건주 주지사 맥컬(Tom McCall)이 '의사조력자살'이라는 개념에 충격을 받을까 봐 주의회와 시민들을 설득하기 위해 사용했다고 한다. 실제 안락사에서 반대론자들은 '조력자살', '의사조력자살' 등과 같이 사람들의 자살 오명에 이를 덧씌우려는 의도로 자살이나 살인이라는 개념을 자주 쓴다. 이에 비해 찬성론자들은 '존엄사', '조력죽음', '자비사' 등과 같은 연민과 동정심을 불러일으키는 감정을 호소한다. 이처럼 안락사를 둘러싸고 어떤 용어를 쓰느냐에 따라 자신의 주장을 용이하게 풀어내는 의미전쟁이 벌어지고 있다.

3 미끄러운 비탈길(slippery slope) 오류는 논리학과 비판적 사고, 정치적 궤변 등에서 사용되는 논증의 한 종류로, 사소한 문제에 관심을 돌려 이후 연쇄적인 작용으로 결국은 엄청난 파국을 일으킨다는 주장을 하는 것이다. 사실 이러한 결과는 대부분 실제 인과 관계는 없고 단순한 추측에 불과하다.

야 제대로 갈 수 있고 합의를 끌어낼 수 있을 것입니다.

사실 죽음이란 주제는 대화하기에 참 낯선 주제입니다. 왜냐하면 그 누구도 살아서는 죽음을 경험할 수 없고 지금까지 끊임없이 논의되고 있으면서도 결론을 내지 못한 주제이기 때문입니다. 그럼에도 불구하고 많은 철학자들은 각자의 생사관에 기초하여 죽음을 이야기해 왔습니다. 고대 그리스 철학자 소크라테스(Socrates)는 죽음을 "무지를 자각함으로써 넘어설 수 있는 사태"라 했고, 로마 철학자 세네카(Lucius Annaeus Seneca)는 "일생을 통해 살아가는 법을 배워야 하듯, 계속해서 죽는 법도 배워야 한다"라고 했습니다. 동양의 현자들 또한 삶과 죽음이 하나이며 동전의 양면과 같다고 했습니다. 사실 우리는 탄생을 통해 삶을 시작하고 죽음을 통해 삶을 마무리합니다. 그런 면에서 죽음은 피하려야 피할 수 없는 우리 삶의 조건이며 개개인의 고유한 가능성입니다.

여전히 삶에서 무엇을 먹을까, 무엇을 가질까, 무얼 하고 놀까, 라는 것에만 천착하는 사람에게 죽음은 부정하고 싶은 것이지만, 조금만 시선을 돌려보면 삶과 죽음은 단절되지 않고 이어져 있습니다. 수많은 유가족을 인터뷰해 보면, 고인에 대한 추억을 떠올리면서 대부분의 사람들이 '삶을 살 듯이 죽음을 맞이했다'고 말합니다. 그래서 삶은 삶대로 죽음은 죽음대로 존중받을 가치가 있습니다. 삶이 다양하듯이 죽음에 대한 생각도 다양합니다. 삶과 죽음을 풍요롭게 나눌 수 있을 때 부정되고 억압되는 삶과 죽음이 아닌, 있는 그대로 수용하며 바라볼 수 있는 지혜가 열릴 것입니다.

사실 죽음 이야기는 삶의 이야기이고 삶의 이야기는 죽음 이야기일 수밖에 없습니다. 생사 인문학의 주요 주제는 '나는 누구인가?', '어떻게 살 것인가?', '어떻게 죽을 것인가?'라고 합니다. 각자 고유성을 가지고 어느 것과도 바꿀 수 없는 생명의 존엄성을 가진 우리가 어떻게 살았느냐에 따라 죽음의 의미도 달라집니다. 그래서 생사의 문제는 과거의 인류에게도 현생 인류에게도 미래의 인류에게도 가장 중요한 문제일 수밖에 없습니다.

왜냐하면 죽음은 지난 삶이 미루었던 과제와 청구서를 한꺼번에 들이미는 중요한 사태이기 때문입니다. 죽음을 통해 우리는 유한성의 존재이며 한정된 시간과 공간 속에서 살아왔다는 것을 깨닫게 됩니다. 그래서 우리 모두가 언젠가 죽는다는 명확한 사실이 삶을 더욱 가치 있고 의미 있는 것으로 만들어주는 것일지 모릅니다.

가끔은 차 한잔을 마시면서 '나는 인생의 마지막 순간을 어떻게 맞는 게 좋을까?' 고민해 볼 수 있다면, 인간은 유한한 존재라는 인식을 통해 현재 삶에 대한 의미 전환을 할 수 있지 않을까요? 죽음 이야기가 생략되지 않고 그저 자연스럽게 이야기될 수 있을 때 비로소 우리는 삶의 온전성을 느끼지 않을까요?

이런 질문들은 죽음을 공부하며 삶을 배워가던 우리들로 하여금 이 글을 쓰게 했습니다. 생사학실천마을은 교육 전문가, 웰다잉교육 전문가, 상담 전문가, 보건의료 종사자, 작가 등 다양한 분야에서 생사학을 논의하고 현장에서 실천하는 사람들의 네트워크(network)입니다. 강의, 워크숍 등을 통해 애도상담과 죽음교육을 사회에 알리는 일을 하고 있습니다. 우리는 오직 삶에 대해서만 이야기하는 것이 아니라 죽음에 대한 이야기를 통한 삶의 진정성에 다가가려고 노력하고 있습니다. 한 쪽만을 바라보고 획일화된 규범을 강요하는 것에서 벗어나 좀 더 유연하고 수용적인 사회가 되기를 바라고 있습니다. 바람에 걸리지 않는 마음처럼 죽음에 대해서도 자유롭게 상상하고, 진정한 애도의 의미를 되살리며, 삶과 죽음 사이에 다리를 놓는 이유는 그 어떤 죽음도 삶에서 소외되지 않기를 바라기 때문입니다.

이 책은 현장에서 활동한 활동가의 시선으로 죽음에 대한 성찰을 담은 글입니다. 1장은 삶과 죽음에 대한 이해로 '생사관 이야기', '철학에서 보는 죽음', '종교에서 보는 죽음의 영성'으로 다양한 관점에서 죽음 이해를 다루었습니다. 2장은 죽음 관련 수용과 의사결정에 관한 것으로 '죽음 체계와 다양한 죽음', '죽음과 법', '임종과 상장례'를 통해 죽어가는 과정에서 알아야 할 지식과 정보, 의사결정에 대해 다루었습니다. 3장은 돌봄과 애도의 이야기로 '생애 주기별 죽음교육', '호스피스·완화의료와 말기 돌봄', '애도상담'을 통해 죽어가는 과정과 사별 후

유가족을 돕기 위한 글들로 구성되었습니다.

모든 공부가 그러하듯이 죽음 공부는 그 어떤 공부보다 삶의 중요성과 가치를 일깨우는 시간이기도 했습니다. 이 글을 통해 저희의 생각이 정답이라고 주장하고 싶은 것은 아닙니다. 생각의 단초를 제공하여 각자의 삶에서 죽음에 대한 논의가 활발하게 일어나기를 기대합니다. 갑작스러운 진실 앞에 힘들어하는 사람들에게, 의미 있고 가치 있는 삶을 마무리하려는 분들에게, 죽음에 대한 이해를 구하고자 하는 사람들에게 이 책이 작은 도움이 되기를 바랍니다.

2023년 11월
생사학실천마을 저자 일동

목차

1장

삶과 죽음에 대한 생각

01 생사관 _ 삶과 죽음의 이해

양준석

삶과 죽음에 대한 견해를 생사관(生死觀)이라 한다. 생사관은 삶과 죽음을 이해하고 설명하려는 노력이기에, 여기에 따라 삶과 죽음에 대한 태도가 결정된다. 또한 죽음 이후에 대한 내세관(來世觀)4에도 중요한 영향을 미친다. 이처럼 생사관은 삶과 죽음에 대한 이해와 관계성 문제, 삶의 가치와 의미에 대한 기준, 행동의 결정적 바탕이 된다.

정체성의 혼란과 위기의 시대에서 삶과 죽음을 이분법적으로 나누는 극단적인 태도가 나타나고 있는 와중에, 생사관은 비판적 성찰을 통해 통합적 사유로서 삶과 죽음에 대한 다양한 논의를 만들어낸다. 즉, 죽음에 대한 성찰적 사유를 통해 의식의 바닥에 있는 죽음에 대한 공포와 불안을 의식세계로 끌어낸다고 할 수 있다. 죽음에 대한 막연한 터부시를 넘어 공포와 불안의 실체를 구체화하고 이를 의미 짓게 함으로써 죽음을 삶의 영역으로 포함시키는 것이다. 실제 죽음을 직면할 때 삶의 의미와 본질이 드러나고 죽음을 성찰적으로

---

4 죽음 이후에 대한 생각을 말한다. 내세는 사후세계, 또는 영계(靈界), 차계(次界), 저승이란 표현으로 사용되며, 내세관은 종교적으로 사람(또는 생명체)이 죽은 뒤에 가게 된다고 여겨지는 세계에 대한 생각을 말한다.

사유할 때 우리의 삶은 더욱 아름답고 풍부해지기 때문이다. 실제 삶에서 죽음을 분리할 수 없기에 죽음을 이해한다는 것은 결국 삶을 이해하는 것이므로 삶과 죽음을 함께 이해할 수 있게 되는 것이다. 이는 막연히 죽음에 쫓겨 살아가는 것이 아니라 내 삶에서 삶과 죽음을 통합하기 위한 자세와 태도라 할수 있다. 이처럼 생사관의 정립은 혼란스러운 위기의 시대를 사는 우리들에게 삶의 이정표와 방향성을 제시하는 인식의 틀이 되며, 죽음에 대한 사유를 통해 삶의 진로와 의미를 결정하게 하는 중요한 세계관이라 할 수 있다.

인간은 지구상에 존재하는 생명체 중 유일하게 자신이 죽는다는 사실을 자각하며 죽음의례를 치르는 존재다. 삶과 죽음은 인간에게 주어진 가장 핵심적인 주제다. 세상의 모든 것들은 시간이 지나면 낡고 부서지고 흩어지게 되듯이, 죽음 또한 자연현상이며 보편적이고 악의 없이 일어나고 불가항력적이다. 그러나 현대에는 삶과 죽음을 서로 분리한 채 종교나 심리학의 특정 주제로만 다루려는 경향이 있는 듯하다. 삶과 죽음을 배제해서 인식해 온 결과는 물신주의(物神主義)나 허무주의(虛無主義)적 태도로 양극화되거나 삶에 대한 지나친 숭배로 이어져 죽음에 대한 옅은 그림자조차 외면하는 문화가 만들어졌다.

이에 급속한 고령화와 죽음의 위기가 항시 상존하는 시대에 생사관에 대해 이해함으로써 이와 관련해 체계적으로 정의하고 필요한 시사점을 제시하고자 한다. 이를 위해 첫째, 삶과 생명, 죽음에 대한 개념을 정의함으로써 생사관 관련 연구의 기초 체계를 구축하고자 한다. 둘째, 생사관 관련 요인과 유형화에 대한 이해를 통해 관련 정의 안에서 포괄적인 의미와 시사점을 찾고자 한다. 셋째, 생사관에 대한 종합적 이해를 통해 삶과 죽음과 관련된 개입 방안을 모색하는 데 기초 자료를 제시하고자 한다.

Ⅰ. 삶과 생명

1. 삶

'삶'은 흔히 '생명'과 자주 혼용되어 쓰이는 말이다. 인간은 탄생과 죽음 사이에서 목숨을 유지하여 살아가는 생명체이며, 이때 생명의 의미는 '살아감'이라는 지속과 과정의 의미를 담고 있다. 태어남과 죽음 사이에서 살아가는 동안을 '삶'이라고 말하기도 한다. 우리말에 '삶'은 죽은 것에 대한 반대말로 '살다(to live)', '살아 있다'는 말을 뿌리로 생긴 말이고, 동시에 '존재한다(to exist)'는 말도 내포하면서 '사람'이란 뜻도 포괄하는 의미로 사용된다. 이와 관련된 말로 우랄알타이 계통의 북방 퉁구스어로 ergen이 있는데, '숨' 또는 '숨 쉬다(to breathe)'는 말을 뿌리로 하며, '숨-생명(breathe-life)'과 연결된 개념으로 사용된다. 이처럼 같기도 하고 다르기도 한 '생명'과 '삶'의 의미 차이를 정리하면 다음과 같다.

첫째, 생명은 살아 있는 목숨이며 삶을 가능하게 해주는 토대로 신체적 생리현상과 밀접한 연관이 있다. 하지만 삶은 의식, 정신활동과 더 밀접한 연관이 있다.

둘째, 생명이 없으면 죽음이고 생명이 있으면 죽음이 아니기에 한 개체 내에 생명과 죽음은 동시에 존재할 수 없고 오직 하나로만 존재한다. 하지만, 삶은 '부모의 삶', '직업인의 삶' 등 다양하게 복수로 존재하며 삶이 없다고 해서 죽음인 것은 아니다.

셋째, 생명은 전부(全部) 아니면 전무(全無)이지만 삶에서는 '인간다운 삶' 또는 '비인간적 삶'과 같은 다양한 질적 차원의 삶이 존재한다.

이처럼 '생명'은 '목숨', '사물이 성립하고 유지되는 유일한 힘', '사물의 본질적인 것' 등으로 죽음과 대비하여 생물적 차원에서 주로 사용된다. 하지만 '삶'은 정신활동과 관련되어 관계 속에서 규정되는 것으로 감성적, 심미적, 영성적 차원 등 다차원적 측면에서 소통하며 구성되는 개념으로 봐야 할 것이다.

2. 생명

'생명'의 사전적 정의를 살펴보면 5가지로 정리해 볼 수 있다.

첫째, 사람이 살아서 숨 쉬고 활동할 수 있게 하는 힘.

둘째, 여자의 자궁 속에 자리 잡아 앞으로 사람으로 태어날 존재.

셋째, 동물과 식물의, 생물로서 살아 있게 하는 힘.

넷째, 사물이 유지되는 일정한 기간.

다섯째, 사물이 존재할 수 있는 가장 중요한 요건을 비유적으로 이르는 말.

사전에서 이렇게 다양한 개념들을 나열하고 있어 정의하기에 모호하고 어려운 점이 있다.

생명의 영어식 표현은 life이고, 그리스어는 bio다. 한자로는 '生命(생명)'인데 '생(生)'과 '명(命)'을 합성한 글자이다. bio는 생명 가운데 '현재 살아 움직이고 있는 생물체'를 집중해서 말하기 때문에 주로 과학적, 기술적 접근에서 사용된다. life는 현재, 과거, 미래에 걸쳐 존재하는 생명 전반의 존재 본질과 현상을 개념화한 것이다.

생물학자 로위(G. W. Rowe)는 생명을 개별 생명체 중심으로 정의하면서 다음 3가지를 조건으로 언급하였다.

첫째, 주변으로부터 에너지를 흡입하여 이를 자체 유지를 위해 사용한다(대사). 둘째, 개체의 유한성을 극복하기 위해 자기 자신에 대한 복제 능력을 가진다(생식). 셋째, 변화하는 환경에 맞서 세대를 거쳐가며 변이와 선택을 통한 적응을 해나가야 한다(진화).

즉 자기 유지, 자기 증식, 자기 변화의 능력이 생명의 조건이자 속성이라고 정의한 것이다. 그런데 이러한 정의는 개별 생명체를 중심으로 한 정의이다 보니 전체 생명을 정의하기는 곤란하다. 가령 로위의 설명대로 '주변으로부터 에너지를 흡입하여 이를 자체 유지를 위해 사용'한다고 할 때, '주변의 에너지'는 어디서 온 것일까 한 번 더 생각해 볼 필요가 있다. 그러면 에너지라는 것 역시 넓은 의미의 생명 또는 생명 현상의 일부라는 사실을 알 수 있다.

[그림 1] 장회익의 '생명'에 대한 정의

이에 물리학자 장회익은 이러한 문제의식을 가지고 로위의 정의에 '관계성'을 보태 생명을 '대사', '생식', '진화' 외에 개체간의 '협동'으로 정의한다. 이 협동 체계 자체가 개별 생명체들을 개별 생명체가 되게 해주는 하나의 '상위 개체'로 간주될 수 있고, 그 상위 개체를 '온생명(global life)'으로, 단위 내 각 개체들을 '개체 생명(낱생명)'으로 구분한다(그림 1).

II. 죽음의 이해

죽음의 영어식 표현은 death다. 그리스어는 thanatos, 라틴어는 'mors', 한자어는 '死'이다. 타나토스(Thanatos)는 그리스 신화에 등장하는 '죽음의 신(神)'으로 '어둠(dark)' 또는 '구름이 잔뜩 껴 어두운 하늘(cloudy)'에서 어원을 찾을 수 있다. 라틴어 'mors'는 'morior(죽다)'에서 유래되었다. 중세에는 죽음을 'ars moriendi(죽음의 예술)'로 여겨 일생 동안 배우는 하나의 예술로 받아들이기도 했다.

죽음의 의미는 개인의 특성이나 생활문화의 변화에 따라 다양하게 설명할 수 있다. 죽음(death)은 살아 있는 상태의 종결(ending)을 의미하고, 죽어감(dying)이란 살아갈 가능성이 희박한 상황에서 죽어가는 과정(process), 즉 임종 과정을 말한다. 다시 말하면 죽음은 생물학적인 유기체가 생존능력을 상실해 다시는 소생할 수 없는 죽은 상태를 말하고, 죽어감 또는 임종 과정은 생물학적 죽음뿐만 아니라 의학적, 법적, 사회적 죽음을 경험하는 과정으로 정의할 수 있다.

객관적인 측면에서 죽음이란 생명의 종결이고 신체적, 정신적 기능이 회복할 수 없는 '정지'를 말하는 것은 분명하다. 하지만 죽음에 대한 이해는 그가 살아온 문화적 배경과 경험, 가치 등 여러 측면에서 구성될 수 있기에 개인이 체득한 죽음의 의미는 개인의 생각과 감정, 행동에 영향을 미치고 삶과 죽음의 태도에도 영향을 미친다. 칼리시(Kalish)는 죽음의 의미를 몇 가지 범주로 나누어서 살펴보았는데 그 내용은 다음과 같다.

첫째, 삶을 일시적인 것으로 만들고 모든 가능성을 파괴하는 죽음.

둘째, 삶에 의미를 부여하는 죽음.

셋째, 삶의 고통과 시련 후에 오는 생의 완결, 평온한 안식으로 간주하는 죽음.

넷째, 자기다움의 완전한 정지, 모든 것의 끝이며 우리가 뚫고 지나갈 수 없는 벽이라고 믿는 소멸로서의 죽음.

다섯째, 한 상태에서 다른 상태로의 변화로 보는 것으로 죽음을 하나의 단계, 건너야 할 다리나 통과해야 할 문이라고 생각하는 것.

여섯째, 최초의 인간이 하느님과의 약속을 어긴 원죄로 인해 불멸성을 잃어버리고 죄의 결과로 맞는 죽음.

일곱째, 꿈, 물건, 건강, 사람 등을 잃어버리는 상실로서의 죽음.

여덟째, 우리 삶에 두 가지 한계, 궁극적인 죽음의 확실성과 그 죽음이 오는 시간을 알 수 없는 불확실성을 제공하는 죽음.

모든 존재는 상호 의존하고 끊임없이 변화한다. 거시적으로 볼 때 개체 생명의 모습과 형태가 달라지더라도, 생명 현상 자체가 정지되거나 소멸되는 것은 아니다. 작은 생명의 모양과 형태는 변하지만 사실상 그것은 더 큰 생명 속에 편입되어 지속된다. 죽음을 생물의 생명이 없어지는 현상으로 규정한다면, 그것은 기본적으로 개별 생명체만을 전제한 정의일 것이다. 생명 자체는 눈에 보이거나 관찰 가능한 개별 생명체에 국한되지 않기 때문이다.

거대한 생명의 차원에서 보면, 생명은 사라지거나 없어지는 것이 아니다. 관계성 속에서 모든 것이 서로 에너지를 주고받으며 다양하게 형태가 변해갈 뿐이다. 우리의 몸이 죽는다고 해서, 심장이 멈춘다고 해서, 그것으로 끝이라고 단언할 수 있을까?

그러나 죽음이 끝이 아니라고 해도 죽음의 문제는 여전히 무겁고 두렵게 다가온다. 죽음의 속성인 '필연성(반드시 죽는다)', '가변성(얼마나 살지 모른다)', '예측불가능성(언제 죽을지 모른다)', '편재성(어디서 어떻게 죽을지 모른다)'은 누구에게나 적용되기 때문이다.

하드(Dale V. Hardt)는『죽음: 최종의 미개척지』서문에서 "인생이 우리들에게 던지는 여러 물음에 대한 답은 결국은 우리가 죽음을 어떻게 생각하는가에 따라 결정된다"고 밝히고 있다. 죽음에 대한 성찰이 삶의 태도에 영향을 미쳐 가치 있는 삶, 의미 있는 삶을 살도록 만든다는 뜻일 것이다. 죽음을 안다는 것은 결국 삶에 대해 안다는 것이다. 궁극적으로는 삶과 죽음에 대한 사유를 통해 죽음의 본질을 직시하고 죽음을 넘어서기 위한 태도를 갖추고 노력을 기울여야 한다는 뜻일 것이다.

Ⅲ. 생사관 유형

플로리안과 크라버츠(V. Florian & S. Kravetz)는 생사관의 핵심 유형으로 죽음을 내적(intrapersonal) 귀결, 대인적(interpersonal) 귀결, 개인 초월적(transpersonal) 귀결의 3가지 영역으로 분류하였다. 내적 귀결은 개인 측면에서의 허무와 좌절로 설명하고, 대인적 귀결은 대상과의 관계에서 고통과 불안으로 설명하며, 개인 초월적 귀결은 내세 신앙, 미지의 세계 등 내외를 초월한 개념으로 설명하였다. 탈번(M. A. Thalbourne)은 내세관을 6가지 유형으로 구별하고 소멸론자, 윤회론자, 부활론자, 절충주의자, 내세 신앙자, 불가지론자로 구분하여 죽음불안과 죽음수용 관점에서 분석하였다. 그러나 이들 간의 죽음불안과 죽음수용도에 있어 유형 간의 차이는 없었다. 시시렐리(V. G. Cicirelli)는 생사관의 유형을 유산으로서의 죽음, 내세로서의 죽음, 소멸자로서의 죽음, 3가지로 구분하였다. 유산으로의 죽음은 인생의 집대성에 해당하는 차원이며, 소멸로서의 죽음은 가족과의 이별, 사회와의 단절에 해당하는 차원으로 구분하였다.

이누미야 요시유키(2002)는 내세관을 소멸형, 내세지향적 환생형, 천국지옥형, 불분명형 등 4가지로 분류하였고, 황명환(2010)은 죽음관을 무신론적 죽음관, 범신론적 죽음관, 유신론적 죽음관 등 3가지로 분류하였다. 김명숙(2011)은 생사관을 '영혼이 다른 세계로 간다'는 범신론적 생사관, 또 다른 세계를 인정하는 종교적 생사관, 무(無)와 끝이라는 과학적 생사관으로 정리하였다. 김인숙(2022)은 생사관을 목표지향적 과업중시형, 소멸적 내세단절형, 관계지향 순환적 내세인정형, 현실중시 회귀적 내세기대형 등 4가지로 분류하였다.

[표 1] 생사관 유형별 분석

연구자	용어	유형
이누미야 요시유키(2002)	내세관	4유형: 소멸형, 내세지향적 환생형, 천국지옥형, 불분명형
김명숙(2011)	생사관	3유형: 범신론적 생사관, 종교적 생사관, 과학적 생사관
신은보(2018)	사생관	3유형: 순환형, 단절형, 과업형
김한나 · 이영선 (2020)	죽음에 대한 태도	5유형: 적극적 준비형, 운명 순응형, 개인선택 중시형, 자기결정 회피형, 이상주의적 생명 중시형

[그림 2] 생사관의 3가지 유형

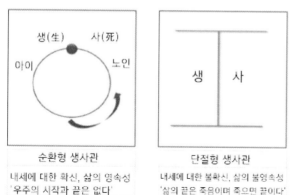

출처: 히로이 요시노리(広井 良典), 2008 수정

신은보(2018)는 요시노리(2008)의 원환적 생사관과 직선적 생사관을 수용하면서 한국의 생사관을 순환형, 단절형, 과업형 생사관으로 분류하였다(그림 2).

Ⅳ. 생사관의 구성요소

생사관 구성요소에 대해 이누미야 요시유키(2002)는 내세관을 내세신앙, 이상세계, 윤회사상, 영혼의 영향, 인과응보론, 조상의 영향 등 6가지 요인으로 정리하였다. 정미영(2010)은 내세관을 내세지향성, 현세회귀성, 죽음불안, 죽음긍정의미, 죽음 부정의미, 죽음수용, 죽음관심 등 7가지 요인으로 정리하였다. 박재현 외(2011)는 사생관을 내세관, 죽음불안, 죽음관여도, 자살억제 등 4가지 요인으로 정리하였다.

생사관 정립에 영향을 주는 요인으로 스티글리츠(Stiglitz) 등은 개인이 자신의 삶에 대한 조건과 환경을 이해할 수 있는 삶의 질에 영향을 미치는 요인이 무엇인지를 찾는 것이 중요하다고 하였다. 삶의 질은 궁극적으로 자신의 일생에 관한 행복도, 삶의 목표 달성과 직접 연결되며 결국엔 생사관의 형성에 영향을 미친다. 정미영은 삶에서의 새로운 자극과 경험을 추구하려 하고 사회적인 활동이나 관계를 통해 즐거움을 추구하느냐에 따라 의미 있는 삶의 여부가 결정될 수 있을 것이라고 하였다.

또한 행복도 추상적인 개념이긴 하지만 생사관에 영향을 주는 주관적인 삶의 만족도를 평가하는 주요한 요소 중 하나이다. 신은보는 행복감이 낮은 사람일수록 삶과 죽음이 단절되어 있다고 생각하는 경향이 크다고 하고, 현재의 삶이 행복할수록 죽음 이후의 삶에 대한 기대도 크다고 한다. 이처럼 삶의 질, 행복감, 삶의 의미를 포함한 현재의 삶에 대한 태도는 자신의 죽음과 내세관을 결정하는 데 중요한 역할을 한다는 것을 알 수 있다.

개인의 생사관 정립에 영향을 주는 또 다른 주요 요인으로 사회적 관계가 있다. 죽음에 이르기까지 시간이 많이 남지 않은 말기 환자나 노인들의 경우와 달리, 청소년과 청년들은 대부분 죽음에 대해 여러 각도로 성찰해 보거나 자기 고유의 생사관을 정립할 기회가 별로 없다. 예전처럼 가정이나 공동체 내에서 구성원의 임종을 함께 지켜보고 장례를 치르던 관습이 사라진 현대 사회에서는 가까운 사람의 죽음을 곁에서 대면하는 경우가 드물기 때문이다.

[표 2] 생사관 구성요소 관련 분석

연구자	용어	유형
이누미야 요시유키(2002)	내세관	6요인: 내세신앙, 이상세계, 윤회사상, 영혼의 영향, 인과응보론, 조상의 영향
강성경(2002)	죽음관	6요인: 평상시 죽음관념, 자신 죽음관념, 타인 죽음관념, 자살관념, 시신처리관념, 죽음교육 필요성
정미영(2010)	내세관	7요인: 내세지향성, 현세회귀성, 죽음불안, 죽음 긍정의미, 죽음 부정의미, 죽음수용, 죽음관심
박재현 외(2011)	사생관	4요인: 내세관, 죽음불안, 죽음관여도, 자살억제

실제 죽음과 사회적 관계를 연구한 최근의 분석에 의하면 가족, 친구, 이웃, 친척 등과 지속적인 관계를 맺고 지지를 주고받는 것이 신체적, 정신적 건강과 적응에 중요하며, 삶의 질에서 나아가 죽음의 질을 형성하는 데 중요한 역할을 하는 것으로 지적되고 있다. 사회적 관계는 개인에게 사회적 자원이 고갈될 가능성을 감소시킬 것이므로, 신체적, 정신적 건강에 긍정적인 영향을 미칠 것이다. 이러한 영향은 결국 어떠한 죽음을 맞이하는가를 결정하는 요인이 되며, 죽음의 질을 결정하는 데 주요하게 작용한다. 국내의 연구에서 사회적 관계의 참여는 삶의 질을 향상시키고, 오늘날 가족의 기능이 약화되고 있는 형상 속에서 다양한 사회적 지지체계를 갖는 것이 중요함을 시사한다.

사회문화적 요건들 또한 개인의 생사관 정립에 영향을 주는 요인이다. 사회문화적 요건들 중 그 사회의 종교, 교육, 경제, 정치와 같은 주요 요소들이 상호 작용하면서 사회에 속한 사람들의 가치관을 형성시키는 데 영향을 준다. 특히 종교는 역사적으로 오랜 시간 동안 탄생과 죽음의 영역을 주관해 왔으며, 죽음 이후의 세계에 대한 인간의 궁금증에 유일한 해답을 제안해 왔다는 점에서도 중요하다. 종교는 인간의 사회생활이 가진 보편적 속성으로, 각 사회의 사고양식과 행동양식에 영향을 준다. 종교는 특정한 유형의 상징, 이미지, 믿음 그리고 가치로 구성되어 있으며, 인간은 이들의 힘을 빌려 자신의 존재를 해석해 왔다. 또한 종교는 의례적 요소도 가지고 있기 때문에 사회구조를 형성하고 반영하기도 하였다.

이러한 의미에서 종교는 사람들이 삶의 궁극적 문제들에 대처해 나가는 수단으로서 사용하는 믿음과 의례의 체계라고 정의될 수 있을 것이다. 과거 종교는 삶과 죽음, 삶 속에 내재하는 고통과 행복 등 인간성의 근원에 잠재하는 궁금증을 해결하는 역할을 했고, 인간들은 삶과 죽음의 의미를 종교 안에서 도출해 왔다. 그러나 현대에는 과학이 그 자리를 대신하고 있으며, 여러 난치병들의 치료와 인간수명의 연장으로 인해 점차 그 의존이 높아지고 있는 추세다. 그렇지만 여전히 죽음은 과학문명의 '한계점'을 깨닫게 한다.

이상의 고찰을 통해 볼 때, 다양한 요소들의 영향으로 구성된 생사관은 개인의 삶에 영향을 미치며, 개인의 생사관은 삶을 어떻게 살아갈 것인가를 결정하는 계기가 된다. 죽음을 어떻게 이해하고 준비하느냐, 즉 개인의 생사관에 따라 개인이 갖게 되는 삶의 가치와 시간의 소중함은 상당한 차이가 나타날 수 있다.

V. 마무리

세계에 존재하는 생명체들은 예외 없이 죽음을 동반하기에, 살아간다는 것과 죽어간다는 것은 사실 동의어이며 모두 '생명'이라는 존재(있음)의 표현이다. 죽음은 생명 자체가 지니고 있는 '생명 현상의 한 모습'으로, 태어나는 것도 생명이고 죽는 것도 생명이기에 인간은 자기의 '삶을 살듯이' 자기의 '죽음도 살아야' 한다. 죽음으로 인한 '상실', '소멸', '허무감'을 직면하고 죽음을 통해 삶을 의미 있고 가치 있게 만드는 것은 다른 차원의 이야기다. 삶과 죽음을 함께 인식하고, 죽음의 현상 속에서 삶의 지혜를 배우며 '유한성' 속에서 '영원성'을 찾는 삶에 대해 관심을 갖기 시작할 때 죽음은 모든 것을 부조리하게 만들거나 삶의 의미를 말살시키지 않는다.

이러한 관점에서 삶과 죽음의 문제는 인간의 근본적인 문제이며 풀어야 할 과제이기도 하다. 실제 사람들은 어느 시기, 어느 한계에 도달하면 어떠한 방법으로든 삶과 죽음을 생각하게 되며, 개인의 삶과 죽음에 대한 생각에 따라 삶의 가치관이나 태도가 달라진다. 각 개인의 모든 가치와 판단 기준은 삶과 죽음에 대한 생각에서 나온다고 할 수 있다.

"당신의 삶과 죽음에 대한 생각은 어떠한가?"라는 질문을 하면 막연하고 당혹스러운 생각이 드는 것은 자연스러운 일이다. 삶과 죽음을 하나의 단어나 말로 요약할 수 없기 때문이다. 그럼에도 굳이 이 질문을 던지는 이유는 자신과 세상에 대한 막연한 생각에서 벗어나 삶을 명료하게 바라보게 만들기 때문이다.

생사관 연구는 생사학 관련 연구의 주요 영역이다. 하지만 연구가 그리 체계적으로 정리되지 못하고 있다. 지난 생사관 연구는 특정 종교의 생사관, 특정 인물이나 예술작품에서 나타나는 생사관, 특정한 시기의 생사관 연구가 대부분이다. 실제 연구논문의 제목이 한국 사회의 생사관이라 하더라도 대부분 종교의 교리나 주요 인물의 생사관을 연구하여 병렬해 놓은 연구도 많다. 그만큼 한국의 생사관 연구는 그리 간명하게 정리할 수 있는 문제는 아니다. 한 사회 내에서도 지역별로, 집단별로, 또는 개인별로 생사관은 매우 다양하고 복잡하게 전개된다(나희라, 2004). 한국 사회의 경우는 무속에서부터 유교, 도교, 불교, 기독교까지 다양한 종교적 전통이 공존해 있으며, 이들 종교적 전통은 누가적(cumulative)으로 한국 사회의 문화에 중첩되어 있고(신은보, 2018) 역사적, 시대별로 단편적인 논의가 있을 뿐 체계적으로 정리되지 못한 실정이어서 생사관 연구가 기초 상태에 머물고 있는 것이다(박선경, 2001).

이처럼 생사관에 대한 연구는 개별적으로 실행된 연구가 많아 생사관에 대한 개념적 정의조차 명확하지 않은 상황이고, 이로 인해 생사관을 측정하는 요인이나 지표, 기준에 대한 합의도 불분명한 상태다. 따라서 생사관 연구에서 다양한 개념들을 정의하고 이에 근거하여 생사관의 지표나 척도를 개발함으로써 한국적 생사관을 정립할 필요가 있다.

๑ 삶과 죽음에 대해 생각해 봅시다

1. 눈을 감고 잠시 자신의 삶을 돌아보는 시간을 가져봅니다. 삶을 무엇이라고 생각하나요?

2. 인간에 대한 생각은 각자 살아온 인생의 여정만큼 다를 것입니다. 인간은 무엇으로 구성되어 있다고 생각하나요?

3. 죽음은 무엇이라고 생각하나요?

4. 사후 세계에 대해 어떤 생각을 갖고 계신가요?

02 철학에서 보는 죽음

양준석

사람들은 누구나 자기만의 생각을 갖고 있으며 살아가면서 자기만의 철학을 만들어간다. 우리가 살면서 겪는 수많은 경험은 훌륭한 스승이며, 자기만의 철학은 삶을 살아가면서 많은 문제들을 다룰 수 있다. 실제 철학적 사고와 적용은 우리가 경험하는 문제들을 해결하는 바탕이 될 수 있다. 그래서 나이가 들수록 많은 이들이 어렵다고 하면서도 철학에 관심을 갖고 사유하는 것이 아닌가 싶다.

그럼에도 불구하고 철학이라고 하면 고리타분하고, 따분하며, 현실과는 동떨어진 이해할 수 없는 것으로 생각하는 경향이 많다. 우리가 접하는 철학자들은 쓰고 있는 용어나 표현들이 난해하고 현학적이어서 삶의 문제나 실천에 별로 도움이 되지 않을 것이라는 인상을 받아서일 것이다. 하지만 철학은 삶의 문제에서 논의를 펼쳐가며 질문을 통해 자신의 생각을 정리하는 것이다. 그러기에 철학의 핵심은 우리가 모두 매일 던지는 질문을 검토하는 것이며, 이를 통해 자신의 인생관이나 생사관을 만들어가는 것이 핵심이다.

"나는 누구인가?"

"좋은 삶이란 무엇인가?"

"옳은 일이란 무엇이며 나는 어떻게 해야 하는가?"

"죽음은 무엇이며 어떻게 죽음을 맞이할 것인가?"

이러한 질문들은 결코 쉬운 질문이 아니며, 그래서 쉽게 대답할 수도 없다. 만약 뭔가 대답을 하더라도 이에 대해 수많은 철학자들은 그 대답을 여러 측면에서 논쟁할 것이며, 입장에 따라 각각의 대답은 다를 것이다. 이러한 철학적 주제 중에서 본질적으로 피해갈 수 없는 중심 주제가 죽음이다. 왜냐하면 불확실한 삶에서 죽음처럼 확실한 것은 없기 때문이다. 어느 시간, 어느 장소에서 어떻게 죽을지는 모르지만 누구나 어김없이 죽음이 찾아오기 때문이다.

그러나 죽음을 무엇이라고 정의하는 것은 쉽지 않다. 직접 경험하는 순간 더 이상 그 경험을 전달할 수 없는 것이 죽음이고, 그러기에 죽음은 '이것이다' 아니면 '저것이다'라고 할 수 없기 때문이다. 물론 우리는 매일 듣는 부고를 통해 죽음을 경험하지만 그것은 한결같이 내가 아닌 타인의 죽음이며 그것도 외부적 입장에서 바라본 죽음이다. 이러한 입장에서 장켈레비츠(Vladimir Jankélévitch)는 죽음을 1인칭 죽음, 2인칭 죽음, 3인칭 죽음으로 분류했다. 1인칭 죽음은 '나'의 죽음으로 이러한 죽음은 경험하는 순간 처음이자 마지막이 되기에 무엇인가 형언할 수 없는 죽음이다. 2인칭 죽음은 '나와 가까운 사람'의 죽음으로 가까운 사람의 상실로 인한 비통함으로 죽음의 무게를 실제적으로 마주하는 죽음이다. 흔히 우리가 말하는 대부분의 죽음인식은 2인칭 죽음이다. 3인칭 죽음은 '나와 무관한 사람들'의 죽음으로 방송이나 언론에서 기삿거리나 숫자로 표현하는 이름 모를 타인의 죽음이 여기에 해당한다.

그동안 동서양을 막론하고 수많은 철학자들이 죽음에 관한 자신의 생각을 정리하고 자신의 생각대로 살다가 죽음을 맞이했다. 왜냐하면 죽음의 문제는 한 철학자의 사유가 응축되는 결절점이자 그 사유의 특색이 두드러지게 드러나는 대목이기 때문이다(정동호 외, 2012). 철학자들도 '죽음 앞에 선 단독자'로서 죽음에 대하여 고민해 왔다. 이에 다양한 철학자들의 죽음에 대한 사유를 몇 가지 관점으로 정리하여 살펴보고자 한다.

I. 죽음은 끝이 아니다

우리가 흔히 몸과 마음을 이야기할 때 몸과 마음이 별개인 것을 가정하고 마음의 자립성을 강조하는 철학자들이 있다. 특히 몸은 물질적이지만 마음은 비물질적이고 불가분적 비연장성의 특징이 있다며 불멸성(不滅性)을 주장한다. 죽음과 관련하여 마음은 영혼이라는 표현으로 정리하기도 한다. 이들의 입장에서 죽음은 끝이 아닌 내세의 관문으로 다음 세상을 위한 일종의 통로나 관문으로 생각한다. 그러기에 이들은 삶보다는 내세에 더 관심을 갖는 경향이 있으며, 신체나 현세는 우리의 영혼을 가두어두는 감옥으로 죽음을 통해 신체에 갇힌 영혼이 해방된다고 생각한다. 이들에게 죽음은 영혼이 신체의 질곡에서 벗어나는 과정이며, 존재의 공간과 양태가 변환될 뿐 영혼은 불멸하기에 죽음을 두려워할 필요가 없다는 주장을 한다.

이러한 입장의 대표적인 철학자로 고대 그리스의 소크라테스(Socrates)가 있다. 그는 죽는다는 것을 육신의 속박과 고통으로부터 정신이 해방과 치유로 옮겨가는 것으로 보았고, 모든 존재는 대립되는 것으로부터 생성된다는 대립론을 근거로 자신의 죽음관을 설파하였다. 그는 세상 모든 것은 그 대척점에 있는 것으로부터만 형성될 수 있기에 죽음에서 삶이 오고, 삶에서 죽음이 온다고 주장한다. 또한 상기설(想起設)5을 통해 필연적으로 현세 이전의 삶을 가

---

5 상기설(想起設)은 영혼이 불멸하다는 가정 하에 영혼이 모든 것을 알고 있으나 잊어버렸다는 이론으로, 지식을 얻는 것은 새로 배우는 것이 아니라 기억하는 것이라고 주장하였다. 소크라테스는 자기가 가르치는 것이 하나도 없고, 사람들이 지식을 '상기(想起)'할 수 있도록 도울 뿐이라고 하였다.

정한다. 예컨대, 우리가 무언가를 떠올렸을 때 그것의 시비를 가르는 기준은 탄생 이전에 나의 영혼이 이미 알고 있던 사실과의 적합도라는 기준을 내세운다. 탄생 이전에 영혼이 존재하였기에 죽음 이후에도 영혼이 소멸되지 않는다는 것이다. 다시 말해 살아 있는 것은 죽어 있는 것으로부터 오기 때문에, 살아 있음에 앞서 영혼이 이미 있었다는 것은 우리가 죽어도 영혼은 사라지지 않고 존재함을 의미한다고 할 수 있다(정동호 외, 2012).

플라톤(Platon)은 죽음을 영혼이 신체로부터 불사(不死)의 세계로 옮겨가는 일이라고 보았다(Bowlby, 1980). 그는 이데아(Idea)론6에서 현세는 이데아 세계의 기억의 편린을 상기하는 곳에 불과하다고 주장한다. 영혼은 출생 전에 이데아의 세계에서 영혼의 형태로 이미 존재하였으나, 세상에 태어나면서 육체라는 껍데기를 입으며 이데아의 세계를 망각하게 되었다고 주장한다. 따라서 죽음은 육체에 갇힌 영혼이 이데아의 세계로 돌아가는 것으로 본래의 세상으로 돌아갈 수 있는 출구가 되는 것이다. 이에 플라톤은 "철학하는 것은 죽음을 배우는 것"이라고 말할 수 있었다. 이러한 이데아적 세계관에 입각한 죽음론은 『파이돈(Phaidon)』(플라톤, 박종현 역, 2003)에 잘 정리되어 있다.

> 우리가 기억하고 있는 오래된 하나의 설이 있는데, 이는 이승에서 저승에 도착한 혼들이 거기에 있다가, 다시 이리로 와서는 죽은 자들에게서 다시 태어난다는 걸세. 만약에 이게 이러하다면, 즉 산 자들이 죽은 자들에게서 다시 태어난다는 것은 우리의 혼들이 거기에 있다는 게 아니겠는가?
>
> 『파이돈』(70c-d)

---

6 플라톤의 이데아설에서 이데아(Idea)는 인간이 감각하는 현실적 사물의 원형존재와 인식의 근거가 되는 항구적이며 초월적인 실재를 말한다. 현실 세계는 이데아의 불완전한 복제품으로 이데아의 세계는 완전하고 영원한 반면 현실 세계는 불완전하며 생성, 변화, 소멸이 있는 곳이다.

중세의 아우구스티누스(Augustinus)와 토마스 아퀴나스(Thomas Aquinas) 등도 기독교적 관점에서 영혼이 신과 인간을 이어주는 중간매체가 되고, 이 세상의 육체적 삶이 끝난 이후에도 영혼이 지속된다고 믿었다(Bulfinch, 1980). 죽음은 이 세상에서는 불가능한 다른 존재로의 비약과 영생을 가능하게 하는 것으로, 두렵기보다는 긍정적인 것으로 간주되었고, 죽음을 준비하는 삶이 바람직한 것으로 간주되었다(Berg, 1973).

동양에서 죽음은 끝이 아니라는 관점은 대표적으로 불교철학에서 나타난다. 대표적으로 『티벳 사자의 서』7에서 이러한 사상의 단면을 보여주는데 『티벳 사자의 서』는 8세기 티벳 불교의 대가 파드마 삼바바가 산중에서 쓴 108개 경전 중 하나라고 알려져 있다. 그에 따르면 사람이 죽어서 다시 환생할 때까지의 중간 사이는 대개 49일로 알려져 있는데, 사후 영혼이 겪게 되는 여러 현상을 설명한 죽음 뒤의 세계에 대한 안내서다. 이 경전은 사후세계를 경험하고 다시 환생한 라마승들의 증언을 근거로 하는데, 이 책의 가르침은 한마디로 "죽음을 배우면 삶을 배울 수 있다"는 것이다. 이 책에서 죽음을 4개의 범위로 나누고 있는데, '바로 지금의 삶이라는 일상적인 바르도(life)', '죽어가는 고통스러운 바르도(dying)', '다르마타(Dharmata)라는 밝게 빛나는 바르도(death)', '카르마에 따라 다시 생성되는 바르도(rebirth)' 등이 그것이다. 우리는 보통 삶과 죽음만 구분해서 바라보지만, 살아온 과정, 죽어가는 과정, 죽음 이후의 세계에서 영혼이 다시 환생하기까지의 과정을 설명하고 있는 것이다.

이처럼 죽음은 끝이 아니라는 입장은, 죽음을 현세의 삶의 마지막과 새로운 내세의 시작을 이어주는 하나의 문이라고 본다. 하지만 소크라테스와 플라톤의 이데아적 세계관은 죽음을 영혼과 육체의 완전한 분리로 보고 영혼만 있는 상태를 가장 완벽한 존재의 모습으로 보았다. 반면 중세의 아우구스티

---

7 『티벳 사자의 서』는 티벳불교의 구도자 파드마 삼바바가 깨달은 가르침을 후세 제자들이 찾아내어 남겼다는 전설의 경전으로, 원전의 제목은 '바르도 퇴돌 첸모'다. 흔히 '바르도 퇴돌'이라고 부른다. 바르도 퇴돌의 의미는 '죽음과 환생의 중간 상태에서 듣는 영원한 자유의 가르침'을 말한다.

누스와 토마스 아퀴나스의 기독교적 세계관은 죽음 후에 영혼만 있는 형태를 불완전한 모습으로 여기고, 최후의 심판에 있을 육체의 부활을 기다리는 입장을 견지한다. 이처럼 기독교는 직선적 시간관으로 종말론을 가정하지만, 불교적 세계관에서 죽음은 끝이 아니며 순환적인 시간관을 갖는다는 점에서 차이가 있다.

II. 죽음은 알 수 없다

우리는 죽음에 대해 아는 것이 거의 없다. 어느 누구도 죽었다가 다시 살아날 수 없기 때문에 죽음에 대해 절대적 두려움을 느낀다. 그런데 에피쿠로스(Epikuros)는 죽음의 본질에 대해 『메네케오스에게 보내는 편지(Letters to Menoeceus)』에서 인간은 죽음이 무엇인지 알 수 없다는 불가지론(不可知論)을 주장한다. 삶과 죽음은 동전의 앞뒷면과 같아서 인간의 존재는 살아 있거나 죽어 있는 둘 중의 한 형태로밖에 존재할 수 없다. 즉, 살아 있을 때는 죽음을 경험하지 못하고 죽어 있을 때는 죽음을 의식할 수 없다는 것이다. 따라서 죽음을 알 수 없기에 신경 쓸 필요가 없고 굳이 죽음을 두려워할 필요가 없다고 한다. 죽음에 대한 두려움은 잠자리에 들기 전 수면 상태를 두려워하는 것과 다를 바가 없다는 것이다. 그는 다음과 같이 주장을 한다.

> 가장 두려운 악인 죽음은 우리에게 아무것도 아니다. 왜냐하면 우리가 존재하는 한 죽음은 우리와 함께 있지 않으며 죽음이 오면 이미 우리는 존재하지 않기 때문이다. 그렇다면 죽음은 산 사람이나 죽은 사람 모두와 아무런 상관이 없다. 산 사람에게는 아직 죽음이 오지 않았고, 죽은 사람은 이미 존재하지 않기 때문이다.
> 에피쿠로스

또한 그는 '고통'이라는 멍에를 해소하기 위한 방편으로 쾌락을 제시한다. 여기서 말하는 쾌락은 적극적인 향유가 아니라 고통이나 번뇌에 사로잡히지 않는 것으로 금욕적 실천을 강조한다. 이를 위한 방편으로 아타락시아(ataraxia)[8]를 제시한다. 아타락시아는 삶과 죽음의 양립불가능성 발견을 통해 죽음을 불가지(不可知)의 대상으로 규정하면서, 죽음의 공포를 논리적으로 소멸시키고자 하였다.

또한 만물의 근원을 원자라고 주장하는 데모크리토스(De-mokritos)의 입장에서는 인간의 영혼도 입자라고 주장한다. 따라서 영혼도 죽으면 사라진다고 생각하였다. 죽음은 자연적인 현상이고 죽으면 인간의 육체를 구성하고 있던 원자들은 흩어져 직접적인 감각 경험들이 사라지므로 어떠한 고통도 쾌락도 느낄 수 없다고 주장한다. 원자론에 입각해 모든 것은 과학적 설명이 가능하므로 미심쩍은 것에 두려움을 가질 필요가 없다는 것이다. 또한 인간은 자유의지가 있고 인과법칙에 대해서 선택권이 주어져 있기에 단순한 감정의 섣부른 해석으로부터 오는 부정적 사고를 극복하고 육체적, 정신적 고통을 제거한 상태를 유지할 수 있고 이것이 바로 평정심, 아타락시아라고 하였다.

이처럼 에피쿠로스는 영혼을 물질로 사유하려는 경향을 보이며, 죽을 때 인간의 모든 감지능력도 소멸하기 때문에 죽음 자체는 깊은 잠과 같이 전적으로 고통 없는 의식의 소멸 상태라고 정의하고 있다(Bulfinch, 1980). 즉 사후세계를 무(無)라고 단정하고 이에 대한 형이상학적 사변을 버리고 오직 현세의 생에만 충실할 것을 당부하며, 죽음을 문제 삼는 것조차 회피하는 경향을 보였다.

로마 철학자 세네카(Seneca)는 역시 죽음을 두려워할 필요가 없다고 보았다. 그는 '나'라는 존재 역시 만물 중의 하나이고, 인간은 수많은 생명 종(種)

---

8 아타락시아(ataraxia)는 고대 그리스의 철학자들이 말한 정신적 평정의 상태를 뜻한다. 아타락시아는 에피쿠로스학파에서 말하는 행복(쾌락)의 필수 조건으로, 일체의 종교적 미신을 척결하고 이성의 인식에 입각한 현자만이 이 상태에 도달할 수 있다고 하였다.

의 하나일 뿐이라고 생각했다. 만물은 생성과 소멸을 반복하기에 하나의 생명체에 불과한 나의 죽음은 특별한 의미가 없다고 주장한다.

> 우리가 이 세상에 태어나려면 상당히 오랜 시일이 걸리지만 이 세상을 떠날 때는 실로 잠깐이다. 우리 생애에서 어느 때 죽든지 그것을 부당하게 생각할 수는 없다. 실로 신체와 영혼이 작별하는 것은 1분 동안이면 흡족하다. 이토록 짧은 시간 내에 끝마치는 일을 오랫동안 두려워한다는 것은 얼마나 부끄러운 일인가
>
> 세네카

세네카는 공포와 후회 없이 죽는 방법에 대해 배우기를 원했다(Chron, 1963: 68). 이를 위해 그는 죽음을 개별적인 인간의 고유한 죽음으로 보는 대신, 보편적인 생물의 죽음으로 보는 관점을 선택하였다. 이들은 우주는 로고스, 이성의 원리에 의해 움직인다고 주장한다. 우주의 원리가 그렇듯이 인간 또한 이성의 질서를 따라야 한다고 주장한다. 그 상태를 아파테이아(apatheia)[9]라고 한다. 세상 만물은 이미 우주의 원리로 움직이기에 삶의 주어진 조건을 불평할 필요가 없다고 주장한다. 가난하거나 장애를 갖고 태어난 것에 화를 내봤자 소용이 없다는 것이다, 그냥 그것을 수용하고 우리가 할 수 있는 것과 할 수 없는 것을 구분하는 이성이 필요하다는 것이다. 이처럼 이성이 잘 작용하는 아파테이아에 방해가 되는 것이 정념(情念)이다. 정념은 고통이나 두려움, 쾌락이나 욕망으로 자극되는 충동이기에, 정념은 자연 일반의 법칙을 파악하는 데 실패의 요인으로 작용한다. 가치와 감각을 수용하는 영역에서 자연의 법칙, 이성과 일치될 수 있는 것만이 덕으로 가득한 삶을 실현할 수

---

9 아파테이아(apatheia)는 그리스어로 '정념(情念)이나 외계의 자극에 흔들리지 않는 초연한 마음의 경지'를 의미한다. 이 상태에 이르기 위해 금욕을 강조하였으며 자신의 생각들을 잘 다듬고 불필요한 잡념과 망상 등을 타파하기 위해 노력했다.

있는 것이다. 이런 과도한 충동의 요인을 제거하게 될 때 평온한 상태에 이를 수 있으며 이것이 곧 이성이며, 신의 섭리이고 자연의 법칙인 것이다.

동양에서는 죽음을 합리적 이해의 대상으로 사유하는 것이 유교철학이다. 공자(孔子)는 현재의 행복한 삶과 안정에 관심을 가졌기에 죽음과 죽음 이후, 영혼과 귀신의 존재 여부에는 그다지 관심을 두지 않아서 죽음에 대해 직접적으로 언급하지 않았다고 한다.

> 季路問事鬼神 子曰 未能事人 焉能事鬼 敢問死
> 자로가 공자에게 귀신의 섬김을 물었을 때에야
> "아직 사람도 섬기지 못하면서 어찌 귀신의 섬김을 알겠는가?"
> 라고 대답했다.
> 季路敢問死 子曰 未知生, 焉知死
> 자로가 다시 "그러면 죽음은 무엇입니까?"라고 묻자
> "아직 삶도 모르는데 어찌 죽음을 알겠는가?"라고 답변했다.
> 『논어』 선진편

유교에서는 아직 오지 않은 미래의 죽음보다 현재의 삶에 의미와 가치를 두고 최선을 다해 살라고 했다. 그러면서도 삶과 죽음이 모두 하늘의 뜻(天命)에 따라 이루어진다고 하였다. 공자는 사랑하는 제자의 이른 죽음을 애통해하면서도 이 또한 천명이라고 순순히 받아들였다. 수명에는 장수와 요절이 있고 죽음 역시 다양하지만, 이것 역시 천명이고 자연의 이치(天理)라는 믿음이 있었기 때문이다. 공자는 먼저 삶에서의 인간관계, 사회관계에 예(禮)를 행함으로써 사회의 잘못된 것들을 바로잡고자 했다. "부모가 살아 계실 때 예를 다하여 섬기고, 부모가 돌아가시면 예에 따라 장례와 제사를 지내야 한다"고도 했다. 이처럼 유교에서는 죽음을 형이상학적으로 탐색하기보다 어디까지나 삶의 문제라는 테두리 안에서 다루었으며, 유교의 최대 관심사는 언제나 현재의 올

바르고 행복한 삶에 있었다.

그러기에 공자에게 가장 중요한 것은 인간의 의례적 행위로, 조상 숭배와 효 사상의 맥락에서 정해진 예법에 따라 장례의식을 치르면 이를 통해 좋은 죽음을 맞이한다고 생각하였다. 혼백이 일정 기간 동안 세상에 존재한다고 믿었기 때문에, 예를 다하여 진정한 마음으로 제사를 지내는 것을 의미 있게 보았던 것이다. 이런 의미에서 제사는 현실의 세계와 초월의 세계를 연결하는 가교와 같은 역할을 했다. 반복되는 제사를 통해 죽음을 간접적으로 경험하고, 또한 제사에 참여한 사람들은 동일한 소망을 공유했다. 사람이 죽으면 그것으로 끝나는 것이 아니라 살아 있는 가족과 후손에게 이어진다는, 생명의 연속성에 관한 믿음이었을 것이다.

지금까지 살펴본 에피쿠로스, 세네카, 공자의 죽음관은 죽음을 불가지의 대상으로 보는 입장이다. 이들은 기본적으로 죽음은 자연적인 섭리이고 우리가 알 수 없는 영역이니 이에 대해 두려워할 필요가 없다고 보았다. 이런 입장에서 죽음에 대해 두려워하거나 번뇌하는 것은 무의미한 시간 낭비일 뿐이라는 것이다. 다만 에피쿠로스는 최소한의 쾌락을 추구하고 고통을 제거하는 아타락시아를 방편으로 삼았고, 세네카는 이성의 원리에 따라 불필요한 정념들에서 해방된 아파테이아를 방편으로 삼아 궁극의 목적을 설명하고 있다.

III. 삶의 의미로서의 죽음

19세기부터 유럽 사회를 중심으로 실존주의가 등장해 죽음의 문제들이 다시 철학적 관심의 전면에 드러났다. 특히 세계대전을 통해 인간의 본성에 근본적인 질문이 던져졌으며, 암울했던 시대적 상황에서 죽음은 삶의 조건임을 다시 한 번 깨달으며 죽음에 대해 주체적으로 내면화된 체험과 삶과 죽음의 의미를 캐묻는 작업이 진행되었다. 즉 인간에게 중요한 것은 관찰 가능한 객관적 사실로서의 죽음이 아니라 '삶의 종말로서 죽음이 개인의 현실적인 삶에 어떤 의미를 갖고 있는가'라는 질문이 제기되었다. 그러므로 죽음에 대한 철학적 관심의 대상은 외부로부터 관찰되는 죽음이 아닌, 자신의 죽음과 관계되는 자신의 삶에 미치는 영향이라고 본 것이다. 실존주의 철학자들은 죽음은 실존으로서 자신을 자각하는 적극적 계기로서의 의미를 갖는 것이며, 인간은 신의 존재와 내세의 존재를 가정하지 않더라도 죽음을 직시함으로써 삶의 의미를 발견한다고 보았다.

실존(實存)10의 개념을 제창한 사람은 키르케고어(Soeren Kierkegaard)다. 그는 '모든 인간은 죽는다'라는 이론이 아니라 실제로 중요한 것은 구체적인 개별 인간이 '나 또한 죽어야만 한다'는 실존적 진리를 자각하는 것이라고 생각하였다. 즉, 그가 주목하는 죽음은 보편적인 인간의 죽음이 아닌 구체적인 '나의 죽음'이다. "삶이란 돌발적인 비약과 질적 변화로부터 비롯되는 불안의 심연에서 이것이냐 저것이냐를 결정할 수밖에 없는 절박한 것"이기에 자신의 죽음을 강 건너 불구경하듯 대하는 태도는 어불성설이며, 죽음에 대해 늘 진지하게 생각하고 절박하게 살아야 한다는 것이다. 그는 죽음이라는 주제를 통해서 보다 밀도 있고 진정한 삶을 말하고자 하였다.

> 진정으로 불안을 배운 사람은 최고의 것을 배운 것이다. 불안할
> 수록 인간은 더욱 위대하다.
>
> 키르케고어, 『불안의 개념』

죽음은 불안을 만들어내는 바탕이기에 삶에 대한 절망은 영적인 죽음을

---

10 실존은 현실존재의 줄인 말로 사물이 그 원인의 바깥(ex-) 또는 현실 세계에 실재한다(-sistence)는 것을 말한다. 따라서 실존은 현실적으로 있는 것을 말하지만, 사용적 의미는 사물의 현존재를 의미하는 것이 아니라 오히려 생(生)을 다른 존재와 구별하여 표현하는 것이다. 키르케고어에 따르면 인간은 환경의 필연성에 제약을 받는 유한한 존재인 동시에 그 한계를 초월할 수 있는 무한한 존재로서 유한과 무한의 종합을 수행하는 자다.

의미하는 '죽음에 이르는 병'에 이를 수도 있고, 또한 '자기부정'을 통해 단독자로서 절대자 앞에 나아갈 수도 있다. 자기부정을 통해서 실존적으로 될 수 있는 것이 '진지함'을 의미하는데, '죽음에 대해 진지한 사유'는 죽음 이후에 진정으로 의인들이 갈망하였던 그러한 삶이 충만하게 실현되는 종교적 실존을 강조한 것이었다.

하이데거(Martin Heidegger)는 『존재와 시간(Sein und Zeit)』을 통해 실존주의 철학을 정리하였으며 '자신의 존재에 있어서 자신의 존재를 문제 삼는다'는 인간의 본질적 성격을 실존이라고 하였다(정동호 외, 2012). 그는 "인간은 죽음을 향해 나아가는 존재(Sein Zum Tode)다. 그야말로 인간은 태어나는 순간부터 죽음을 향해 흐르기 시작한다. 그런데 자신의 유한성을 망각한 채 세상에 '던져진' 관성대로 살아가는 사람들을 '세인(世人, das man)'이라 하였다. 반면 자신의 죽음을 자각한 사람들은 현존재(da sein)[11]"라고 하였다.

> 죽음은 현존재 자신이 각기 그때마다 떠맡아야 할 존재 가능성
> 이다. 죽음과 더불어 현존재 자신이 그의 가장 고유한 존재 가
> 능에서 자기 앞에 닥쳐 [서] 있는 것이다. 이러한 가능성에서
> 현존재에게 문제가 되는 것은 단적으로 그의 세계-내-존재이
> 다. 그의 죽음은 곧 더 이상-거기에-존재하지-않는다[더 이상
> 현존재일 수 없다]는 가능성이다. …… 현존재는 존재 가능성으
> 로서 죽음의 가능성을 건너뛸 수는 없다. 죽음은 현존재의 단적
> 인 불가능성의 가능성인 것이다
>
> 하이데거(1927)

하이데거에게 죽음은 존재의 소멸, 존재의 모든 '가능성의 불가능성'이 아

---

11 현존재는 염려의 본질 속에서 죽음을 향한 존재로 선택하고 결단하는 존재다. 이들은 죽음불안을 느끼며 자신의 피투성(被投性, 세상에 던져짐)을 자각하고 유한성을 자각하는 죽음에서 선구를 한다.

니다. 역설적으로 죽음의 '불가능성의 가능성'에 주목한다. 죽음에 대한 자각을 통해 존재의 유한성을 깨달은 현존재는 세상에 자신을 '던지며' 시간을 이끌며 살아간다. 현존재는 존재의 '가능성의 불가능성'에 좌절하지 않고, 유한한 삶을 보다 의미 있게 살아가려고 한다. 다시 말해 죽음이라는 존재의 유한성의 자각을 통해 '불가능성의 가능성'에 눈 뜨게 되는 것이다. 이처럼 그는 죽음의 자각을 존재의 시발점으로 보았다. 그러나 하이데거는 여기에서 한 발 더 나아가 죽음에 대한 자각을 자아형성의 중요한 요인으로 꼽았다(Warren, 1981). 세인은 '나의 죽음'이라는 거대한 벽과 마주하는 순간 비로소 현존재로 거듭나며, 실존적 죽음 인식을 통해 나의 죽음을 누구도 대신할 수 없다는 사실을 깨닫는 동시에, 나의 삶 역시 누구도 대체 불가능하다는 사실을 깨달은 것이다. 이를 통해 죽음은 일회적, 인격적, 절대적 의미를 갖는 불가능성의 가능성에 이르게 된다.

야스퍼스(Karl Jaspers)에게 실존은 자기 자신과 관계하는 것이며 이 관계 속에서 초월자12와 관계하는 것이라 하였다. 그는 죽음을 '한계상황(boundary situation)'이라고 정의하였다(야스퍼스, 1932). 한계상황이란 인간의 노력으로 극복할 수 없는 상황들로, 죽음, 고뇌, 우연, 죄책, 투쟁 등을 말한다. 그 또한 단순히 죽음에 관해 지식적으로 아는 것이나 자기 자신의 죽음에 관심을 갖는 것으로는 충분하지 않고 이를 직접 깨닫는 것이 중요하다고 하였다. 즉, 죽음을 하나의 한계상황으로 이해하기 위해서는 주관적이고 구체적인 형태로서 인간의 역량으로는 도저히 어찌할 수 없는 '궁극적 난파(absolute failure)'를 체험해야 한다고 주장하였다(강선보, 2003). 그에 따르면 이러한 한계상황을 회피하지 말고, 죽음을 직시할 것을 요구한다. 왜냐하면 한계상황에 대한 답은 내 실존의 존재의식에서 요구되며, 우리의 죽음에 대한 지식이 비로소 죽음을 현실적인 것으로 만들어주기 때문이다(야스퍼스, 1965). 죽음은 인간의 유한성을 극명하게 보여주며 인간의 무한성과 영원성을 자각하게 만드는 실존적

---

12 초월자는 신이 아니라 실제적 체험으로 파악된 어떤 절대적 존재를 말한다.

인 사건이기 때문이다. 즉 현존재는 유한성에 집착하지만 죽음이라는 한계상황을 만나면 난파를 체험하고 이를 통해 무한성과 영원성의 세계인 실존으로 비약할 수 있다는 것이다.

삶의 의미로서 실존주의적 관점은 내세의 관문으로 보는 관점이나 불가지의 대상으로 보는 관점과는 다르게 죽음을 삶의 조건이며 동인으로 보는 관점이다. 죽음을 있는 그대로 인정하고, 나아가 죽음의 자각을 통해 보다 진정한 삶을 살 수 있다고 주장하는 것이다.

이처럼 실존주의자들은 죽음을 삶 속에 내재된 하나의 사건으로 파악하고 죽음에 대한 자각 없이는 실존적 이해가 불가능하다고 본다. 그러기에 끊임없이 '자기 자신의 죽음'을 떠올리고 비로소 자신의 실존에 직면할 수 있을 때 부조리하고 우연적으로 존재하는 것에서 불가능성의 가능성을 동인으로 하여 진동하는 삶을 살아갈 수 있는 것이다.

Ⅳ. 현대 사회의 죽음철학

근대에 들어 유신론적 세계관이 붕괴되면서 이성적이고 논리적으로 납득되지 않는 세계를 거부하는 경향이 나타나기 시작했다. 따라서 근대 철학부터는 내세나 초월계보다는 자신의 현실적 삶이나 내면적 확신에 바탕을 둔 철학적 작업을 중시하게 되었고, 동시에 죽음을 철학적 문제에서 배제하려는 경향을 보이기 시작하였다(김열규 외, 2001). 실제 근대 사회의 합리적 사유체계는 도구와 효율성을 중시하면서 죽음과 소통할 수 없게 만들었다. 오히려 죽음은 질병이란 이름으로 번역되어 통제 가능한 대상으로 연구하는 의과학이 발달하면서 죽음에 대한 생각이나 실존적인 체험보다는 죽음의 원인을 없애는 것에 사투를 벌이고 있다.

이러한 현대 사회의 죽음철학은 몇 가지 특징을 갖는데 이를 정리하면 다음과 같다.

첫째, 죽음의 문제를 철학적 관심 영역에서 배제하고 있다는 것이다. 우리가 경험하는 죽음은 타인의 죽음, 외적인 현상, 밖에서 이루어진 간접적인 경험일 뿐이기 때문에 이러한 경우 확실성과 논리의 필연성을 기반하는 철학적 지식의 원천이 되지 못하기 때문에 경험적으로 입증될 수 없는 형이상적 탐구는 무의미하게 여겨지고 있다(정동호 외, 1986).

둘째, 유한성에 대한 해체로 죽음의 문제는 삶에서의 격리, 타자화로 변하고 있다. 특히 근대로 특징지워지는 과학적 사고와 방법론에서 증명할 수 없고 인식할 수 없는 죽음은 소외될 수밖에 없는 것이다. 죽음에 대한 성찰을 병리로 보거나 억압되기에, 죽음에 임박한 이들을 병원으로 격리하는 것은 당연한 과정으로 여겨지고 있다.

셋째, 불멸성의 해체로 유한성과 무한성, 불멸성의 가능성은 동전의 앞뒷면과 같다. 유한성에 대한 자각은 불멸성, 영원성에 관심을 갖게 하지만 현대 사회의 특징으로 죽음을 범속화, 익명화, 상품화하면서 불멸성에 대한 신화가 해체되고 있다. 오히려 몸 중심, 물질 중심적 사고가 팽배하면서 죽음은 더욱더 배제되는 경향이 드러나고 있다.

하지만 세상에 존재하는 생명체들은 예외 없이 죽음을 동반한다. 살아간다는 것과 죽어간다는 것은 동의어이며 모두 '생명'이라는 존재(있음)의 표현이다. 죽음은 생명 자체가 지니고 있는 '생명 현상의 한 모습'으로, 태어나는 것도 생명이고 죽는 것도 생명이기에 인간은 자기의 '삶을 살듯이' 자기의 '죽음도 살아야' 한다. 죽음으로 인한 '상실', '소멸', '허무감'을 직면하고 죽음을 통해 삶을 의미 있고 가치 있게 만드는 것은 우리 삶을 성숙한 시선으로 보게 한다.

삶과 죽음을 어떻게 정의하느냐에 따라 삶과 죽음의 의미는 다르게 드러난다. 하드(Hardt)는 『죽음: 최종의 미개척지』 서문에서 밝힌 것처럼 "인생이 우리들에게 던지는 여러 물음에 대한 답은 결국 우리가 죽음을 어떻게 생각하는

가에 따라 결정된다"라고 하였다. 죽음에 대한 성찰이 삶의 태도에 영향을 미쳐 가치 있는 삶, 의미 있는 삶을 살게 한다는 것이다. 죽음을 안다는 것은 결국 삶에 대해 안다는 것이기에 삶과 죽음은 동시에 사유될 수밖에 없다. 그러기에 죽음에 대한 사유는 위기의 시대를 사는 현대인에게 하나의 이정표가 될 것이다.

᭼ 죽음에 대해 생각해 봅시다

1. 자신이 생각하기에 죽음은 무엇이라고 생각하나요?

2. 죽음에 대한 다양한 철학적 입장이 있다. 본인이 생각하는 철학적 입장과 그 근거를 정리하면 무엇인가요?

3. 현대인들에게 죽음을 한 마디로 정의하면 무엇이라고 할 수 있나요?

4. 의미로서의 죽음에 대해 어떤 생각을 갖고 있나요?

03 종교에서 보는 죽음의 영성

강원남

I. 들어가며

인간에게 있어 죽음은 오랜 궁금증의 대상이다. 인류가 생겨난 이래 많은 이들이 죽음 이후의 세계에 대해 탐구해 왔다. 이러한 탐구들은 점차 다양한 영역으로 발전하였다. 철학, 신학, 과학, 심리학 등 다양한 학문들이 각자의 영역에서 죽음 이후의 삶에 대해 연구했다.

인간이 죽음을 앞두고 마주하는 것은 자기소멸과 영적인 두려움이다. 그래서 영혼과 사후세계는 어쩌면 생의 마지막으로 마주하는 실존적 문제일지도 모른다. 자신이 가지고 있는 생사관, 그리고 내세관은 죽음을 마주하는 태도에 영향을 미친다. 죽음 이후 하느님 나라가 있다고 확신하는 이와, 아무것도 존재하지 않는다고 생각하는 이가 죽음을 마주하는 모습은 다를 수밖에 없다. 그래서 내세에 대한 탐구는 생사학 연구 중에서 빼놓을 수 없는 분야다. 실제 존재 여부를 넘어서서 인간의 죽음 태도에 영향을 미치기 때문이다.

삼성가의 창업주였던 이병철 회장이 임종이 눈앞에 다가오자 천주교 신학자인 정의채 몬시뇰 신부에게 신과 죽음에 대한 24가지 질문에 답해 줄 것을 요청했다. 그중 일부를 발췌해 보았다.

- 종교란 무엇인가? 왜 인간에게 필요한가?
- 영혼이란 무엇인가?
- 종교의 종류와 특징은 무엇인가?
- 천주교를 믿지 않고는 천국에 갈 수 없는가? 무종교인, 무신론자, 타 종교인들 중에도 착한 사람이 많은데, 이들은 죽어서 어디로 가는가?
- 인간이 죽은 후에 영혼은 죽지 않고, 천국이나 지옥으로 간다는 것을 어떻게 믿을 수 있나?
- 신앙이 없어도 부귀를 누리고, 악인 중에도 부귀와 안락을 누리는 사람이 많은데, 신의 교훈은 무엇인가?
- 성경에 부자가 천국에 가는 것을 약대(낙타)가 바늘구멍에 들어가는 것에 비유했는데, 부자는 악인이란 말인가?

재벌가의 창업주였어도 죽음을 마주한 순간에는 영적인 궁금증을 마주하게 된다. 이는 단지 이병철 회장뿐만 아니라 일반인들도 마찬가지다. 호스피스·완화의료에서 육체적, 심리적 케어와 함께 영적 돌봄을 함께 하는 이유도 이와 같다.

이처럼 우리는 영혼과 사후세계에 관한 다양한 생각들을 가질 수 있다. 비록 과학적으로 증명할 수 없다 하더라도 사후세계에 대한 생각은 우리의 삶과 죽음의 순간에 영향을 미친다. 따라서 우리는 종교와 영성에 대해 이해와 더불어, 각 종교의 내세관에 대해 알아보고자 한다. 이는 우리 자신뿐만 아니라 임종을 앞둔 이들, 사별자 케어에 도움이 될 것이다.

II. 영혼 그리고 사후생

사람들은 영혼의 존재에 대해 과연 믿을까? 한국인을 대상으로 한 이상목(2004)의 연구를 보면 영혼이 반드시 존재한다고 생각하는 사람은 20.4%, 영혼이 존재할 것 같다고 막연히 여기는 사람은 43.1%로 조사되었다. 반면 17.0%는 영혼이 존재하지 않는다고 생각하고, 19.6%는 잘 모른다고 응답했다. 63% 이상이 영혼의 존재를 인정한 것이다.

"사람이 죽으면 영혼은 어떻게 된다고 생각하는가?"라는 질문에 대해서는 다음과 같이 응답했다. 죽음과 함께 영혼도 곧바로 소멸한다 4.7%, 무덤이나 집안에서 일정 기간 머물다 소멸한다 4.1%, 천당, 극락 등 사후세계로 들어간다 49.7%, 사람이나 다른 생물로 환생한다 20.1%, 바다, 강, 들판 등에 혼의 형태로 존재한다 4.7%, 잘 모른다 15.4%였다. 응답자의 49.7%가 사후세계가 존재한다고 생각하는 것으로 조사된 것이다. 각 종교별로 조사한 결과 사후세계를 믿는지에 대해 기독교가 가장 많은 응답을 하였고, 다음이 천주교, 유교, 불교 순이었다.

호주의 심리학자 마이클 탈번(Michael Thalbourne)은 많은 사람이 사후생을 믿는 이유는 사후생에 대한 믿음이 죽음불안을 감소하고 죽음수용을 촉진하는 순기능을 갖고 있기 때문이라고 말했다. 사후생에 대한 믿음은 죽음을 앞둔 이의 죽음공포를 줄여주고 영적 희망을 갖게 함으로써 정신건강을 증진한다. 사랑하는 이를 떠나보낸 유가족의 사별 슬픔을 위로하고, 먼 훗날 다시 만남을 기약한다. 또한 사회공동체 측면에서 사후의 심판을 통해 처벌과 보상이 있다고 믿음으로써, 친사회적 행동을 촉진하고 반사회적 행동을 억제하여 사회적 안정과 발전에 기여하기 때문이라고 말했다.

심리학적 관점에서 인간이 사후생 믿음을 유지하는 이유는 다음과 같다. 첫째, 사후생이 존재했으면 좋겠다는 순수한 소망이다. 둘째, 사후생 믿음은 육체와 영혼이 따로 존재한다는 신념에 의해 강화된다. 셋째, 임사체험, 유체

이탈, 전생 경험과 같은 초상현상(超常現象)에 대한 믿음으로 사후생을 믿는 사람들은 이와 같은 현상을 경험했다고 보고하거나 초상현상의 존재를 믿는 경향이 있다. 넷째, 사후생 믿음은 죽음불안의 완화와 죽음공포 대처에 도움이 된다. 다섯째, 사후생 믿음은 죽음수용에 긍정적 영향을 미친다.

탈번은 문화, 종교별로 사후생과 관련된 믿음을 6가지 유형으로 분류하였다. 첫째, 소멸론이다. 영혼 또는 의식은 육체와 함께 영원히 소멸한다는 믿음이다. 둘째, 환생론이다. 죽음 이후 의식은 다른 세계로 이동한 후 새로운 몸으로 환생한다는 믿음이다. 셋째, 부활론이다. 의식은 죽음 이후 언젠가 부활하여 영원한 삶을 누린다는 믿음이다. 넷째, 환생-부활 절충론이다. 의식은 죽음 이후 환생을 반복하다가 부활하여 영원한 삶을 누린다는 믿음이다. 다섯째, 기타 존속론이다. 의식은 죽음 이후에 존속하지만 어떤 일이 일어날지는 알 수 없다는 믿음이다. 여섯째, 불가지론이다. 의식이 죽음 이후에 어떻게 될지는 아무도 알 수 없다는 믿음이다.

그러나 사후생 믿음은 반드시 긍정적인 작용만 하는 것은 아니다. 과도한 믿음은 오히려 역기능과 부정적 효과를 불러일으킨다. 첫째, 현생의 소중함을 훼손할 수 있다. 내생에 대한 무조건적인 기대는 현생의 중요성을 약화시킬 수 있다. 극단적 종교주의자들의 예처럼 내생의 보상을 위해 현생을 희생하는 비극적인 일들이 벌어진다. 둘째, 개인의 욕구를 억압하고 사후심판에 대한 불안과 죄의식을 유발할 수 있다. 셋째, 삶의 현실을 외면하게 함으로써 장기적으로 부적응을 초래할 수 있다. 사후생에 대한 믿음은 일시적으로 심리적 스트레스를 덜 느끼게 할 수 있지만, 장기적으로는 현실적 문제의 직면과 해결을 저해함으로써 부적응을 유발할 수 있다. 넷째, 자신과 다른 믿음을 지닌 사람에 대해 배타성과 적대감을 촉발한다. 이를 바탕으로 종교간 분쟁 또는 폭력과 전쟁을 유발한다. 다섯째, 왜곡되고 위선적인 종교관을 지닌 지도자들에 의해 신도들을 착취하는 수단이 되기도 한다. 사후생 믿음은 이처럼 양면성을 가지고 있다.

III. 영성

1. 영성과 종교의 개념

영성과 종교성은 유사한 개념으로 혼용되지만 본질적으로는 서로 다르다. 영성은 각 종교의 절대자에 대한 믿음에 국한되지 않는다. 칸다(Canda)는 "종교는 영성과 관계되는 신앙, 행위, 경험의 제도화된 패턴으로서 영성을 표현하는 하나의 수단이 된다. 믿음, 윤리강령, 예배행위 등을 강조하며, 동시대의 문화적 가치나 개인적 철학을 반영하고 사회적으로 구성된다. 반면, 영성은 보다 광범위한 개념으로서 존재와 인식을 포괄하는 인격의 한 부분이며, 그 핵심은 본연의 내면적 욕구로서 삶의 의미와 목표 추구에 있다"고 정의했다.

폴로지안과 엘리슨(Paloutzian & Ellison)은 영성을 수직(종교)적 차원과 수평(실존)적 차원의 합으로 정의하였다. 수직적 차원은 신(절대자)과의 관계를 나타내며 종교적 의미를 포함하고 있는 종교적 영성이고, 수평적 차원은 자신과 타인, 환경과의 관계를 나타내는 실존적 의미를 포함하고 있는 실존적 영성이다. 종교적 영성은 신과의 관계를 통해 인간이 생활하면서 경험하는 여러 가지 삶의 위기를 잘 대처하게 한다. 실존적 영성은 자신의 삶에 대해 의미와 가치를 가지고 대인관계를 형성해 나가는 것을 의미한다. 따라서 영성은 종교성보다 포괄적이며 신앙과는 다르기 때문에 무신론자도 영성을 가질 수 있다. 영성은 자신, 이웃, 환경, 상위 존재와의 조화로운 관계를 통하여 역동적, 창조적 에너지로 작용하고 현실 초월을 경험하게 하며, 존재의 의미와 목적을 갖게 하고 충만한 삶을 살게 해주는 영적인 태도와 행위로 이끈다.

2. 영적 불멸의 추구

인간은 태생적으로 소멸불안에서 벗어날 수 없다. '영적'이라는 용어는 자아의 개체성을 초월하여 절대적이고 영원한 것과의 연결감을 추구하려는 노력을 뜻한다. 반대로 영적 죽음은 자기 존재의 영원한 소멸을 의미하며 타자와의 연결감이나 삶의 의미감을 느끼지 못하는 실존적 절망 상태를 뜻한다. 영적 불멸은 절대적인 것과의 합일을 통하여 죽음의 불안과 존재의 허무감을 극복하려는 시도를 말한다. 개인의 육체를 근간으로 한 자기정체감의 포기와 초월을 통해 완전히 새로운 삶으로 나아가는 영적 재생이라고 할 수 있다. '나'에 대한 집착이 사라진다면, 죽음은 더 이상 두려움의 대상이 되지 않는다. 자신에 대한 집착을 포기하고 신, 우주 등과 같이 영원한 것과 합일감을 느낄 때 영적인 불멸감을 경험할 수 있다. 융(jung)은 이와 같은 심리 상태를 자아의 죽음이라고 정의했다. 자아와 타자의 구분이 사라지고 삶과 죽음의 구분마저 넘어선 초월적인 의식 수준에 이르러야 영적 불멸에 도달할 수 있다.

인간은 육체적 쾌락과 세속적 성공을 넘어 영혼의 자유와 궁극적 목적을 추구하는 영적인 존재다. 영적 추구는 반드시 종교와 연관된 것은 아니다. 영적 추구는 삶의 의미를 찾고 죽음불안을 극복하는 데 도움을 준다. 그러나 죽음이 가까워지면 종교적 신념과 영적 추구도 동요될 수 있으며, 사후생에 대한 불확실성도 죽음불안을 증폭시키는 요인이다. 종교를 믿는 사람들도 사후생과 관련된 두려움을 가질 수 있다.

3. 영적 과제

'영적'이라는 용어는 다양한 의미로 사용된다. 일반적으로 종교와 관련되어 사용되지만, 최근에는 종교와 무관하게 개인의 신념과 철학을 지칭하기도 한다. 영적 과제는 의미, 연결, 초월의 3가지를 통하여 죽음을 기꺼운 마음으로 수용하는 일을 뜻한다. 자신의 삶에 대한 의미감, 자신보다 더 큰 것과의 연결감, 자신에 대한 소아적 집착을 넘어선 초월감을 통해서 죽음의 불안과 공포를 극복하고 기꺼이 죽음을 받아들일 수 있는 상태에 이르는 것이다.

임종을 앞둔 이들은 자신의 인생을 되돌아보며 삶의 의미는 무엇이었는가 여러 질문을 던진다. '내 인생은 어떤 의미가 있는 것일까?', '내가 죽어야 한다면, 그동안 내가 살아온 것은 어떤 가치가 있는 것일까?', '죽어가는 과정에서 나와 가족은 왜 이러한 고통을 겪어야 하는가?' 이와 같은 물음은 고립과 파편화를 넘어 전체성과 통합의 관점에서 삶의 의미를 발견하고 구성하는 촉진제가 된다.

4. 영성과 종교성의 본질, 자기초월과 영적 초월성

영성과 종교성의 본질은 자기초월에 있다. 자기초월은 자유와 사랑의 삶으로 나아가게 한다. 자기초월은 죽음의 위협으로부터 자유롭게 한다. 또한 자기의 경계를 허물어뜨려 타자의 연결성 회복이 이루어지므로 타인의 고통과 기쁨에 함께하는 사랑과 자비의 삶을 영위한다.

유신론적 종교가 신과의 합일을 통해 자기초월로 이어진다면, 무신론적 종교는 내면적 성찰과 명상을 통해 자기의식을 해체하여 자기초월로 이어진다. 그런 점에서 종교는 자기초월을 지향하는 방법에 차이가 있을 뿐 지향점은 동일하다. 반대로 자기를 강화하는 활동은 종교의 본질적 기능에서 벗어난 것으로 볼 수 있다.

긍정심리학자들은 영성을 초월과 관련된 가장 중요한 성격적 덕목으로 여긴다. 영성은 인간의 실존적 한계를 초월할 수 있는 궁극적인 것, 절대적인 것, 영원한 것, 성스러운 것을 추구하는 태도를 의미한다. 이는 또 인생의 초월적 측면에 대한 관심과 믿음 그리고 수행 노력을 의미한다. 미국의 성격심리학자인 랄프 피드몬트(Ralph Piedmont)는 영적 초월성이라는 개념을 제시했는데, 이는 개인이 시간과 공간이라는 개념을 넘어서 더 크고 객관적인 관점에서 인생을 바라보는 능력을 의미한다. 영적 초월성은 종교성을 포함하는 심리적 속성이자 성격적 특질을 의미한다.

영적 초월성은 다음과 같은 요소로 구성된다. 첫째는 연결성이다. 스스로를 인류의 일부로 인식하고 없어서는 안 되는 존재라고 믿는 것이다. 연결성은 타인에 대한 개인적 책임감을 유발하여 수직적으로는 세대 간 헌신을, 수평적으로는 공동체의 다른 사람들에 대한 헌신으로 이어진다. 둘째는 통일성이다. 모든 생명체가 서로 연결된 커다란 하나이며 공동 운명체라는 믿음을 말한다. 통일성은 생명체의 통합적 속성에 대한 믿음으로 개인의 삶은 통합적 지향성을 위한 목적과 의미를 지닌다는 생각으로 이어진다. 셋째는 기도 충만성이다. 기도나 명상을 통해서 얻게 되는 기쁨과 만족감을 말한다. 기쁨과 만족감은 기도나 명상을 통해서 다른 존재 상태로 나아가거나 초월적 실체와 개인적인 접촉을 하게 되는 경험의 산물이다. 이 밖에도 영적 초월성에는 관용성, 비판단적 실존성, 감사 등을 포함한다.

IV. 종교

1. 종교와 죽음불안

종교는 삶과 더불어 내세에 대한 희망을 제시함으로써 죽음불안을 완화한다. 종교성은 특정 종교기관에 소속되어 예배와 의식에 참여하고, 종교 교리에 대한 강한 믿음과 함께 개인의 삶에서 종교를 우선시하는 정도를 의미한다.

미국의 저명한 심리학자인 올포트(Allport)는 종교를 대하는 주된 동기에 따라서 외재적 종교성과 내재적 종교성으로 구분하였다. 외재적 종교성은 종교를 개인적 이익, 심리적 위안, 사교적 활동, 지위 향상 등의 수단으로 접근하는 종교적 태도를 의미한다. 반면 내재적 종교성은 이해관계와 무관하게 인생의 의미와 목적을 추구하기 위해 접근하는 종교적 태도를 의미한다. 올포트의 연구 결과 내재적 종교성은 긍정적인 정신건강의 지표들과 관계가 있는 반면, 외재적 종교성은 편견, 독단적 태도, 죽음에 대한 두려움과 관계가 있을 뿐 이타심과는 관계가 없는 것으로 나타났다. 올포트는 외재적 종교성을 죽음불안에 대해서 미숙한 방어적 노력을 기울이는 일종의 신경증 상태로 여긴 반면, 내재적 종교성은 현세적 이익에 초연할 뿐만 아니라, 자기비판과 회의에 열려 있는 성숙한 종교적 태도로서 정신건강에 도움이 되는 것으로 판단했다.

도나휴(Donahue)는 내재적 종교성과 외재적 종교성의 높고 낮음에 따라 종교성을 4가지 유형으로 분류하여 정신건강과의 관계를 조사하였다. 4가지 유형은 내재적·외재적 종교성이 모두 높은 '무차별적 종교성', 두 가지 종교성이 모두 낮은 '무종교성', 그리고 한 가지의 종교성만 높은 '내재적 종교성'과 '외재적 종교성'이다. 연구 결과에 따르면, 4가지 유형 중 '내재적 종교성'만이 정신건강의 지표와 연관성이 있었다. 이는 곧 종교를 수단으로 여기는 외재적 종교성에 오염되면 내재적 종교성도 정신건강에 도움이 되지 않는다는 것을 보여주는 것이다.

또 다른 연구에서는 사후세계를 인정하는 죽음관을 '내세지향성'과 '현세회귀성'으로 구분하였다. '내세지향성'은 사후세계를 행복하고 정의로운 영원한 세계로 간주하고 그곳을 지향하는 성향을 말한다. '현세회귀성'은 현세와 내세의 관계를 인정하면서 현세의 삶을 더 소중하게 여기는 성향을 말한다. 높은 현세회귀성은 불교, 유교, 풍수사상, 무속신앙에서 볼 수 있는 동양적 내세관에서 찾아볼 수 있으며, 반면 낮은 현세회귀성은 기독교에서 볼 수 있는 서양적 내세관에서 찾아볼 수 있다.

2. 사후생에 대한 다양한 믿음

종교마다 사후생에 대한 다양한 믿음이 있다. 이와 같은 믿음의 공통점은 육체와 영혼이 분리되어 있다는 이원론에 근거한다. 육체는 소멸하더라도 영혼은 지속적으로 존재한다는 믿음이다. 사후생에 대한 믿음은 크게 3가지로 구분할 수 있다. 첫째, 인도에서 유래한 것으로 윤회와 환생에 대한 믿음이다. 영혼은 삶과 죽음을 반복하며 윤회한다. 생명을 다한 영혼은 새로운 육체를 지닌 존재로 다시 태어나 환생하여 삶을 지속하게 된다. 둘째, 유대교 계열의 종교적 전통에서 유래한 영혼불멸의 믿음이다. 세상을 창조한 유일신 하나님을 가정하며 죽음 이후에는 부활하여 심판을 받아 천국 또는 지옥에서 영원한 삶을 영위하게 된다. 사후생의 지위는 현생 동안에 행한 행위에 대한 보상 또는 처벌의 의미를 지닌다. 셋째, 중국의 유교적 전통에서 제시된 영혼수명론이다. 죽음 이후에 영혼이 한시적으로 존속하다가 사라진다는 견해다. 영혼수명론은 사후에도 영혼이 존재한다는 것을 인정하지만 영혼의 불멸을 주장하지는 않는다. 이와 같은 견해는 유교식 제사의 사대봉사(四代奉祀), 즉 혼백이 존속하는 4대 조상까지 제사를 지내는 관습과 관련되어 있다. 이 밖에 도교는 육체와 영혼이 장생불사할 수 있다는 신선사상, 즉 영육불사론을 주장하고 그 실현을 위한 여러 가지 수행법을 제시하였다.

3. 그리스도교의 죽음관

그리스도교는 지중해 유역의 다양한 문화에 영향을 받았다. 예를 들어, 부활 개념은 종말론적 유대교로부터 그리스도교에 도입되었으며, 초기 그리스도교는 종말론적 시기에 나타났다. 그리스도교는 부활을 믿으며 세상의 종말에서 예수의 재림과 죽은 자들의 부활을 기대했다. 그러나 세상의 종말이 도래하지 않자 개인적 심판 개념이 등장했다. 이와 같은 영혼의 불멸성은 그리스-로마 문화의 영향으로 도입되었으며, 죽음은 영혼과 몸이 분리되어 부활하는 것으로 정립되었다. 개인적 심판은 죽음 이후 개인적으로 일어나며, 현생에서의 행동에 따라 영혼은 형벌 또는 보상을 받게 된다. 이것은 그리스도교의 첫 번째 심판 개념 중 하나다.

개인적 심판 외에 '최후의 심판'은 세상의 종말에서 모든 이를 위한 대심판 개념을 가지고 있다. 이것은 예수의 재림과 무덤에서 일어나는 죽은 자들, 천사들의 나팔 소리와 함께 진행되며, 이때 개인의 영혼은 다시 한 번 심판을 받는다. 이것이 그리스도교의 두 번째 심판 개념이다.

로마 가톨릭 교회는 연옥설과 면죄부의 효용성을 인정하며 죄를 태워 없애고 천국으로 갈 수 있다고 믿었다. 이것은 개신교와 로마 가톨릭 교회의 분리를 초래하였다.

4. 불교의 죽음관

불교는 기원전 600년경 인도의 고타마 싯타르타에 의해 창시된 종교이다. 업과 환생의 개념을 받아들이며 열반을 목표로 삼는다. 불교는 힌두교와 유사한 교리를 가지지만 '무아(無我)'라는 개념을 주장한다. 무아는 자아가 5가지 요소의 합으로 이루어진 실체 없는 껍데기로 본다. 자아는 물질(色), 감정(受), 생각(想), 충동(行), 의식(識)이라는 5가지 존재 요소(오온五蘊)의 일시적인 합이고 습관, 기억, 감각, 욕망 등의 복합체로서 안정적이고 지속적인 자아라고 착각한다. 불교는 삼계(욕계, 색계, 무색계)를 중심으로 설명한다. 욕계(欲界)는 식욕과 음욕을 가진 중생들이 사는 세계를 의미하며, 행복한 세계와 괴로운 세계로 나뉜다. 색계(色界)는 물질로 이루어진 세계를, 무색계(無色界)는 물질을 초월한 세계를 뜻한다.

불교에서는 업(행위)에 따라 욕계의 세계에서 윤회가 일어나며, 깨달음을 얻은 성자들은 윤회의 세계에서 벗어난다. 다음 생은 업력에 따라 결정된다. 선업을 쌓은 사람은 다음 생에서 인간 세계나 천의 세계로 환생하고, 악업을 쌓은 사람은 지옥, 악귀, 축생으로 다시 태어나 고통을 당하게 된다.

5. 유교의 죽음관

유교는 중국의 공자가 체계화한 종교적 철학으로, 인간 간의 관계와 도덕을 중시하며 조상 숭배를 강조한다. 인(仁)을 중시하며 효도와 형제 사이의 우애를 통해 이를 실천한다. 유학은 공자에 의해 개발된 종교 체계이자 윤리와 정치에 관한 철학으로, 내세에 관한 명확한 주장은 없다. 그러나 조상의 장례와 제사를 중요시하며, 혼백이 일정 기간 머무르다가 흩어지는 영혼수명론을 따른다.

인간은 이(理)와 기(氣)로 이루어져 있으며, 죽음은 혼(魂)과 백(魄)의 분리를 나타낸다. 상례는 혼과 백을 모시는 절차를 포함하며, 초혼(招魂)은 죽은 사람의 혼을 되돌리는 과정을 포함한다. 혼은 하늘과 땅 사이에서 일정 기간 동안

신(神)이 되며, 백은 귀(鬼)가 된다.

유교는 내세관을 비판하며 현세에서의 도덕적 행동과 인간 삶을 중시한다. 인생을 도덕적 성취의 과정으로 여기며, 삶과 죽음을 하나의 과정으로 간주한다. 종교와 다른 관점을 가지고 있으며, 군자(君子)가 인생의 과제를 완수한 죽음을 종(終)으로 지칭한 반면, 소인(小人)의 죽음은 사(死)로 여긴다.

6. 도교의 죽음관

도교는 노자와 장자의 철학을 기반으로 하며, 선인을 추구하는 종교로 발전했다. 노자의 가르침은 『도덕경』으로, 장자의 가르침은 『장자』로 전해졌다. 장자는 죽음을 자연스러운 과정으로 보았다. 그는 삶과 죽음을 모두 자연의 변화로 보았고, 죽음에 대한 슬픔이나 분노를 부정했다. 도가는 무병장수와 불로불사의 소망을 지닌 도교로 발전했다. 도교는 선인이 되어 불멸한 상태를 추구한다. 선인은 영혼과 육체 모두가 죽음을 벗어나 영원히 존재할 수 있다고 믿는다. 이 믿음은 영육불사론으로 발전된다. 초기에는 신선을 불사의 낙원에 사는 신으로 믿었지만, 나중에는 인간도 노력으로 신선이 될 수 있다고 믿게 되었다.

신선이 되기 위한 방법으로 외단법과 내단법이 있다. 외단법은 장생불사의 약이나 음식을 복용하는 것이고, 내단법은 호흡을 조절하는 조식법, 신체적 움직임을 중시하는 도인술, 남녀교접을 절제하는 방중술 등이 있다.

7. 한국인의 사후세계

한국인의 사후세계관은 다양한 신앙과 문화적 전통의 조합으로 이루어졌다. 이를 이해하기 위해 죽음, 내세, 영혼에 대한 다양한 개념을 고려해야 한다. 한국인은 다양한 종교와 무교적 사상을 포함한 누가적인 접근 방식을 가지고 있어, 다층적이고 복잡한 성격을 갖는다. 반면 서구 철학은 죽음과 내세에 대한 논의가 상대적으로 명확하게 정립되어 있다. 서구 철학은 영혼과 육체, 삶과 죽음, 천국과 지옥, 초월계와 현상계를 이원론적으로 다루고 있다. 그러나 한국인의 죽음관은 체계적이지 못하며 이론적인 부족과 역사적 단편성을 띤다.

한국인은 삶과 죽음을 대립적으로 보지 않고, 현상계와 초월계, 이승과 저승을 하나로 통합하여 본다. 이를 통해 삶과 죽음을 순환 관계로 여기며 생사일여적 태도를 취한다. 또한 죽음은 다른 차원으로의 이동으로 간주되며, 죽은 자의 영혼은 생전과 유사한 능력과 기억을 보존하고 후손과 상호작용한다. 죽음의 목적지로 '저승'이라는 개념이 있지만, 이는 지하계나 천상계와는 다른 수평적인 세계로 여겨진다. 죽음 자체를 끝이 아니라 다음 세계로의 이동과 전송으로 간주하며, 죽은 자를 위한 의식과 관련된 문화적 관행이 있다. 또한, 죽은 자의 영혼은 즉시 이동하지 않고 일정 기간 동안 이승에 머물러 있으며, 원한이 있는 경우에는 이승에서 풀어주는 의식이 있고 후손이 사령을 풀어주며 부정을 씻어 천도하게 해준다.

한국인의 사후세계관은 다양한 신앙과 문화가 복합적으로 얽혀 있어 이해하기 어렵지만, 이와 같은 다면적 접근 방식을 이해함으로써 한국 문화와 종교의 특수성을 바라봐야 한다.

V. 마치며

불교에는 다음과 같은 교화 사례가 있다.

어느 날 한 젊은이가 울고불고하면서 붓다에게 찾아왔습니다. 그는 완전히 자제력을 잃은 상태였습니다. 붓다가 그에게 물었습니다. "젊은이, 무슨 일인가?"

"부처님, 어제 저의 연로하신 아버지가 돌아가셨습니다."

"그래, 그걸 어찌하겠는가? 운다고 해서 다시 살아나는 것도 아니지 않은가?"

"맞습니다. 저도 알고 있어요. 운다고 해서 아버지께서 다시 살아나시지는 않을 겁니다. 그래서 제가 부처님 당신께 특별히 요청을 드리러 온 것입니다. 제 아버지를 위해 무언가 해주세요!"

"아니, 내가 돌아가신 자네 부친을 위해 뭘 할 수 있단 말인가?"

"부처님, 제발 뭐든지 좀 해주세요. 당신은 위대한 사람이시니 하실 수 있을 겁니다. 길거리의 종교인들, 면죄부 파는 사람들, 적선을 구하는 사람들은 죽은 사람들을 위해서 온갖 의식이나 제사를 지내잖아요. 어떤 의식을 행하면, 천국으로 향하는 문이 열리고 죽은 자의 영혼이 거기로 들어가는 것, 입국비자를 받는 거 말이에요. 부처님, 당신은 아주 위대하시니까, 당신께서 제 아버지를 위해 의식을 치러주신다면, 입국비자가 아니라 영원히 머물 수 있는 영주권을 얻게 될 겁니다! 제발 부처님, 뭔가를 해주세요!"

이 딱한 친구는 너무 슬픔에 사로잡힌 나머지 이성적인 대화를 알아듣지 못했습니다. 붓다가 그를 가르치려면 다른 방법을 사용해야 했습니다. 그래서 붓다가 그에게 말했습니다. "좋네. 시장에 가서 항아리 두 개를 사 오게." 그 젊은이는 붓다가 죽은 아버지를 위해 의식을 치러주는 줄 알고 뛸 듯이 기뻐했습니다. 그는 시장에 가서 항아리를 갖고 돌아왔습니다.

붓다가 말했습니다. "자, 한 항아리에는 버터기름을 채우게." 젊은이는 그렇게 했습니다. "다른 항아리에는 자갈을 채우게." 젊은이는 또 그렇게 했습니다. "이제 항아리의 입구를 막게. 단단히 봉해야 하네." 젊은이는 시키는 대로 했습니다. "이제 저 연못 속에 갖다 놓게." 젊은이는 그렇게 했고, 두 항아리 모두 연못 바닥으로 가라앉았습니다. 붓다가 말했습니다. "자, 큰 막대기를 가져와서 항아리를 깨고 열어보게." 젊은이는 붓다가 아버지를 위해 훌륭한 의식을 치른다고 생각하면서 매우 행복해했습니다.

고대 인도의 풍습 중에는 사람이 죽으면 화장터에서 시체를 장작더미 위에 놓고 태우는 전통이 있습니다. 몸이 반쯤 타면 자식이 큰 막대기로 두개골을 깨뜨려 엽니다. 사람들은 옛날부터 이 세상에서 두개골이 열리면 천국으로 가는 문이 열린다고 믿었습니다. 그래서 그 젊은이는 이렇게 생각했습니다. "아버지 시신은 어제 다 태워 재가 되었으니, 상징적으로 이 항아리들을 깨뜨리라고 하시나 보다!" 그는 이 의식이 매우 만족스러웠습니다.

붓다가 시킨 대로 그는 큰 막대기를 가져다가 두 항아리를 세게 쳐서 깼습니다. 그러자마자 한 항아리에서 버터기름이 수면으로 떠올라 흘러가기 시작했습니다. 다른 항아리 속의 자갈은 연못 바닥에 쏟아져 가라앉았습니다. 그러자 붓다가 말했습니다.

"이것 보게, 젊은이. 이것이 내가 할 수 있는 전부일세. 자네가 아는 그 성직자들이나 기적을 일으킬 줄 아는 사람들을 불러다가 '오, 자갈들이여, 올라오라, 올라오라! 오, 기름이여, 내려가라, 내려가라!'라고 기도해 보라고 하게. 무슨 일이 일어나는지 한번 보세."

"아니, 부처님, 무슨 농담을! 그게 말이 되는 소립니까? 자갈은 물보다 무거우니 당연히 바닥에 가라앉게 되어 있습니다. 물에 뜰 수가 없다고요, 부처님. 이게 자연의 법칙이에요! 기름은 물보다 가벼워서 수면에 떠오르게 되어 있습니다. 가라앉을 수가 없어요, 부처님. 이게 자연의 법칙입니다!"

"젊은이, 자연의 법칙에 대해 참 잘 알고 있군 그래. 그런데 왜 이 법칙은 이해하지 못했는가? 자네 아버지가 생전에 자갈과 같이 무거운 업을 지었다면 그 과보로 가라앉을 것이네. 그리고 그가 생전에 기름과 같이 가벼운 업을 지었다면 떠오르게 될 것이네. 누가 그를 끌어내릴 수 있겠는가?"

인간의 영성과 종교, 사후세계는 이야기에서 말하듯 현세에서 출발한다. 피에르 테야르 드 샤르댕(Pierre Teilhard de Chardin)은 다음과 같이 말하였다. "나는 영적 체험을 하는 육체적인 존재가 아니다. 나는 육체적인 체험을 하는 영적인 존재다." 인간은 영적인 존재다. 우리는 죽음 이후의 세계에 대한 답을 찾기 위해 '지금 여기'에서부터 출발해야 한다. 사람은 살아온 모습 그대로 죽음을 맞이한다. 그리고 살아온 모습 그대로 죽음 이후의 세계까지 간다면, 우리는 지금 오늘을 어떻게 살아야 할 것인가? 그것이 사후세계가 우리에게 주는 가르침일 것이다.

൦ **영성과 종교에 대해 생각해 봅시다**

1. 어떤 종교를 믿고 있나요? 본인이 믿고 있는 종교의 가르침대로 살고 있나요?

2. 사후세계가 있다면 그곳은 어떻게 생긴 곳일까요?

3. 불교에서는 "이번 생의 마지막 마음이 다음 생의 첫 마음이다"라는 말이 있습니다. 나의 죽을 때 마지막 마음은 어떨까요?

4. 죽음을 맞이한 이후 신을 마주했습니다. 신은 당신에게 무슨 말을 건넬까요?

2장

죽음 관련 수용과 의사결정

04 죽음 체계와 죽음 유형

양준석

죽음은 하나의 인격체가 삶의 종말에 이르렀을 때 필연적으로 맞이해야 하는 일회적이고 절대적인 사건이다. 모든 유기체에게 죽음은 돌이킬 수 없는 일이기에 낯설고 두려우면서도 근원적인 공포를 불러일으킨다. 그렇기에 동서양을 막론하고 죽음은 사유의 대상이 되었다.

인간은 사회적 존재이기에 다양한 체계를 통해 자신들의 안전을 도모하고 사회경제적 생활을 누린다. 이러한 사회적 관계와 체계는 삶에도 적용되지만 죽음에도 적용이 된다. 사회적 체계에서 죽음은 한 개인에게는 생을 마무리하는 사건이지만, 사회적으로는 세대교체와 개체의 존속(存續)을 유지하는 중요한 사건이다.

개인주의와 물질주의로 대변되는 오늘날 죽음은 그 본질적 속성을 대면하는 정신적, 영적 성숙과 더불어 존엄한 삶과 죽음을 함께 고려해야 하는 과제를 제기하고 있다. 이러한 관점에서 사회적 체계 속에서 죽음의 의미와 다양한 죽음 유형을 살펴봄으로써 존엄한 삶과 죽음에 대한 사회적 이해를 정리하고자 한다.

I. 사회 변화와 죽음

인류의 사회적인 발달 단계를 구분할 때, 대체적으로 한 사회의 경제적 생산활동의 주요 특징에 근거하여 농업사회 – 산업사회 – 후기 산업사회로 구분한다. 그러한 인류의 오랜 역사 속에서 죽음은 다양한 방식으로 처리돼 왔다. 이러한 사회적 발달 단계는 생산활동의 주요 특징에 따라 구분하는 것으로, 그에 따라 당시 사회에서 죽음의 특징이 잘 나타나고 있다.

첫째, 농업사회를 기초로 하는 전근대 봉건사회에서 개인은 신분으로 구획된 위계질서에 매몰되어 있고 종교적으로 통제되었다. 흔히 중세사회라고 일컫는 이 시기에 죽음은 삶과 구별되지 않고 연결되었다는 의식 하에 지역사회와 종교에서 공간적으로도 사회적으로도 함께 공존되었다(Aries, 1998). 따라서 이 시기 죽음에 대한 인식은 죽음은 누구나 겪는 자연스러운 죽음이었기에 죽음의 공포보다는 공동체나 집단에서 쫓겨나는 것이 가장 큰 공포와 두려움이었다. 하지만 신분적 구별이 엄격하였기에 지배층들은 당시의 종교적 절차에 따라 죽음 의례를 치렀지만, 하층민들의 죽음은 생산력의 감소로 큰 의미를 두지 않고 지역사회의 주변적 공간에서 관도 없이 시신을 처리하였다.

둘째, 기계문명의 발달과 함께 시작된 산업사회에 들어서는 기존 지역공동체보다는 도시화와 분업화가 급격하게 이루어지면서 개인은 신분제에서 벗어나 자유인이 되었으며 기존의 지역공동체 또한 해체되었다. 지역공동체의 해체에 따라 종교적 지배력도 급속히 붕괴되어 기존의 지배 이데올로기나 종교는 선택의 대상이 되었다. 근대 사회에 시작된 근대 국가는 시민들의 주권을 기본으로 개인들의 생명권을 보호하고 관리하는 공적 체계를 제1 과제로 발전시켰다. 또한 의과학의 발달에 따라 의료 체계가 급속도로 발전되면서 국가 의료보험 제도와 건강검진까지 의무화되기 시작하였다. 이에 따라 죽음을 공동체나 종교의 영역에서 다루던 것을 병원에서 다루기 시작했고, 이제 죽음은 공동체의 문제가 아닌 의료와 개인적인 문제가 되었다. 장례 또한 전문가들이 개입하게 되었으며 토지 문제와 위생 개념의 증가에 따라 매장보다는 화장장이 보편화되는 사회가 되었다.

셋째, 후기 산업사회13는 산업사회 이후로 정보화 사회(information society)를 뜻하는 것으로 비약적인 정보가 산업의 주요 중심을 장악하는 시대다. 이제 공장이나 기계가 아닌 정보가 자본이 되어 정보를 통해 사회를 통제하기도 하고 무너뜨리기도 하는 사회라는 것이다. 이에 따라 기존 인간문명의 발달에 새로운 세대가 등장하고 있는데, 죽음문화 또한 예전과는 다른 특징을 드러내고 있다. 우선적으로 죽음의 개인주의화가 급격하게 진행되고 있다. 죽음을 의료 영역에서 다루기 시작했으며, 이제 죽음은 개인적인 문제가 되었다. 특히 코로나19 등을 계기로 비접촉문화가 급속도로 확산되면서 더욱더 개인주의를 부추기는 혼족시대가 활성화되고 문화가 다양화되고 있다. 이에 따라 예전에 공동체가 책임을 맡았던 죽음은 이제 개인이 온전하게 감내할 수밖에 없는 시대가 되었고, 거기에 맞춰 장례 절차도 좀 더 간편화되어 편리성을 추구하는 문화로 바뀌고 있다. 한 사회 내에서 개인주의적인 다양한 문화가 경쟁적으로 존재하고 다양한 가치관과 내세관을 가진 사람들의 등장으로 그 결과 전통적인 의례나 상장보다는 개인의 가치와 종교에 따라 다양한 대응 절차, 다양한 의례가 보편화되고 있다.

다음으로 급격하게 고령화되는 사회에서 대규모 죽음(多死)을 대응해야 하는 사회로 변해가고 있다. 우리나라는 OECD 국가에서 최저 출산율과 더불어 초고령사회14로 진입함에 따라 대규모 죽음을 대비한 국가적 개입이 불가피해지고 있다. 호모 헌드레드(Homo Hundred)15 시대에 수명 증가가 과연 행복한

---

13 후기 산업주의 사회는 벨(D. Bell)이 만든 신조어인 post-industrial society를 말하는 것으로, 산업사회 이후를 가리킨다는 의미에서 탈산업사회로 번역하기도 한다. 후기 산업주의 사회는 다국적기업 사회, 컴퓨터(정보) 사회, 대량소비 사회 등이 특징인데, 이는 예전에는 경험하지 못한 문명의 발달이라는 측면과 총체적인 문명의 위기로 나타날 것이라는 양면성이 노골화되는 사회다.

14 국제연합(UN)의 기준에 따르면 전체 인구에서 65세 이상이 차지하는 비율인 고령자 인구 비율이 7% 이상이면 고령화 사회, 14% 이상이면 고령 사회, 20% 이상이면 초고령 사회로 구분된다.

것인지 불행한 것인지는 분명하지 않다. 이에 따라 존엄한 삶과 존엄한 죽음을 위한 연명의료 결정이나 유산처리, 장례 등 관련 법제도 등이 논의되고 있다. 또한 죽음과 죽어감 그리고 고령자의 급증으로 간병과 의료를 통합하는 후기 돌봄 체제와 사회적 지지 체계를 발전시키지 않으면 안 되는 상황이다.

II. 죽음 체계

죽음 체계(Death System)는 카스텐바움(Robert Kastenbaum)이 처음 사용한 개념으로 죽음과 우리의 관계를 생각하고 표현할 때 사용되는 사회적이고 물리적인 네트워크를 의미한다. 삶과 죽음은 개인의 체험인 동시에 언어, 기대, 관습, 욕구 등에 의해 연결된 사회적 경험이기도 하다. 카스텐바움은 상호관련성, 관계와 의미의 조직망에 주목하여 사회의 기대, 법칙, 동기, 상징이 죽음에 미치는 영향과 중요성을 강조하였다. 또한 죽음 체계가 사람, 장소, 시간, 물건, 상징의 구성 요소로 되어 있다고 하였다16. 죽음 체계와 관련해 구성 요소와 기능을 살펴보면 다음과 같다.

1. 죽음 체계의 구성 요소

① 사람
모든 사람은 언제든지 죽음 체계 안에 포함될 수 있다. 죽음과 관련된 직종에 종사하는 사람들, 죽음을 연상시키는 사람들, 죽음과 관련하여 일하는 다

---

15 호모 헌드레드는 인류 조상을 호모 사피엔스로 부르는 것에 비유해 유엔이 2009년 보고서에서 100세 장수가 보편화되는 시대를 의미하는 용어로 처음 사용한 말이다. 이에 따라 인간은 노화예방과 장수에 대한 꿈을 실현시킨다는 장밋빛 전망도 있지만 오히려 100세 시대를 준비하지 못한 이들에게는 재앙이라는 양면성을 가지고 있다.

16 이이정, 『죽음학 총론』, 학지사, 2011, p.168-175.

양한 종류의 직업에 종사하는 사람들이 자신들의 생업을 다른 사람들의 죽음을 통해 영위한다.

② 장소

어떤 특정한 장소가 죽음과 동일시될 수 있다. 공동묘지, 장례식장이 대표적인 예다. 장소는 시대에 따라 의미가 달라져 왔으며 현대에 이르러 병원은 출생과 사망의 장소가 되었다.

③ 시간

죽음은 시간이나 때와 연관된다. 제사 등 개인적인 죽음과 연관되는 날도 있지만, 삼풍백화점 참사, 성수대교 붕괴, 세월호 사건 등 사회적 죽음과 연관된 날도 있다. 어떤 사람들은 사망사건과 관련된 시기가 가까워지면 병이 나거나 우울과 불안이 악화되거나 최악의 경우 스스로 죽음을 생각하며 비이성적인 행동을 하기도 한다.

④ 물건

사망진단서, 신문의 부고란, 비석과 묘석 등은 대표적으로 죽음을 상징하는 물건이다. 자동차, 담배, 술, 특수한 약물 등 죽음과 직접적으로 연관되지는 않지만 사고나 남용으로 치명적인 영향을 미치는 물건도 있다. 죽음 체계 안에서 물건은 때로 의미가 변용되기도 한다.

⑤ 상징

죽음과 연관된 상징은 한 사회의 문화적 태도를 나타낸다. 죽음과 관련된 음악은 느리고 엄숙한 경우가 많다. 언어 또한 그 사회의 문화가 죽음에 대해 어떤 태도를 갖고 있는지 보여준다. 우리나라의 경우 '돌아가셨다', '저세상으로 갔다', '영면했다' 등의 언어를 통해 죽음 체계의 특성을 알 수 있다.

2. 죽음 체계의 기능

죽음 체계는 각 사회나 문화에서 다음과 같은 기능을 담당한다.

① 경고와 예언

사회 구성원들이 생명의 위협을 피할 수 있도록 경고하거나 예언하는 기능을 지닌다. 때로는 특정한 개인에게만 해당하는 경우도 있다.

② 죽음의 방지

죽음을 방지하기 위해 개인 스스로 생활 습관이나 삶의 방식을 개선하기도 하지만 전문가 그룹이 존재하기도 한다. 건강 관련 전문가, 소방대원, 경찰, 치료나 건강증진 향상을 위해 일하는 연구자 등이 이에 해당한다.

③ 죽어가는 환자의 돌봄

호스피스·완화의료 프로그램, 병원의료 서비스 등은 죽어가는 환자를 돌보는 시스템이다. 죽어가는 환자를 돌보는 철학과 관습은 시대와 문화마다 다르게 나타나며, 그 차이는 호스피스·완화의료 프로그램이나 병원의료 서비스에도 반영된다.

④ 시신 처리

죽은 사람의 유해를 처리하는 것은 사회가 수행하는 일 중의 하나다. 우리나라의 장례의식에는 시신뿐만 아니라 제사 등을 통해 영혼에 대한 의례를 따로 차리는 전통이 있으며, 시신은 주로 매장하거나 화장한다.

⑤ 죽음 후의 사회적 통합

죽음은 단순히 사회로부터 개인을 제거하는 것이 아니라 사회의 생존 능력 자체를 위협할 수 있다. 죽음 체계의 중요한 기능 중 하나는 개인이나 집단이 그 구성원의 죽음에 대처하도록 하는 것이다. 장례의식은 남은 유족을 위로하고 사회 속으로 재통합시키는 역할을 한다.

⑥ 죽음의 이해

서로에게 죽음을 설명하고 해석하려는 노력을 들 수 있다. 죽음에 관한 철학적 명언, 유언과 유서 등의 형태로 전승되기도 하고 간호사, 의사, 목사, 장의사 등은 죽음에 대한 태도와 해석을 표현하도록 사회화된다.

⑦ 살해

다수의 생명을 보호하고 연장하기 위해 역설적으로 사회가 누군가의 목숨을 빼앗기도 한다. 사형제도는 많은 문화권에서 다양한 기준을 가지고 시행되고 있다. 각 문화권마다 인정되고 정당화된 살해 가능성이 존재하는 것이다.

Ⅲ. 현대 사회의 죽음 제도들

현대 사회에서 죽음 제도의 특징은 다음과 같이 다면적이고 복합적인 성격의 문제들이 있다.

첫째, 뇌사와 장기이식의 문제가 있다. 기존의 죽음을 심폐사로 정의하던 상황에서 1968년 하버드 의과대학은 특별위원회를 구성하여 뇌사의 새로운 기준을 설정하면서 이에 대해 신중해야 한다는 주장에도 불구하고 뇌사가 각국에서 급속하게 채택되었다. 이는 뇌사자의 여러 가지 장기를 이식하여 다른 사람의 생명을 살리는 사회적, 의료적 요구가 배경으로 자리하기 때문이다.

둘째, 연명의료 결정과 호스피스 제도가 있다. 완치가 불가능한 말기 상태 이후 연명의료로 생명을 연장하는 것에 대한 생명윤리적 논란과 의료비나 간병 등 사회적 비용문제로 인한 논쟁이 지속되고 있다. 이에 따라 죽음을 잘 마무리할 수 있는 호스피스·완화의료가 사회제도로 도입되고 있으며, 이를 통해 증상 완화와 함께 통증 관리를 받을 뿐만 아니라 심리·사회적 화해와 용서, 영적 성숙에 이르는 전인격적 돌봄을 받고자 하는 사람들이 늘고 있다.

셋째, 안락사와 존엄사에 대한 문제가 있다. 유럽 몇몇 국가나 미국의 몇몇 주에서 실시되었던 안락사와 존엄사(Death with Dignity) 제도는 현재 급속히 확산되고 있다. 이러한 제도는 더 이상 회복이 불가능한 생애 말기에 전인격적인 호스피스 서비스를 받을 수 있지만, 최소한의 인간적 품위를 유지하기 어렵다고 판단될 때 의사의 조력을 받아 죽음을 선택하게 하는 제도이다. 이러한 변화는 현대 사회의 개인주의적 자기 결정 문화가 죽음에까지 확장되어 나타난 결과라고 할 수 있다.

넷째, 유언 제도와 자기정리의 문제가 있다. 죽음은 누구에게나 갑자기 찾아오는 것으로 현대의학으로도 어쩔 수 없는 비상사태다. 아무런 준비 없이 생명이 정지한다는 것은 본인뿐만 아니라 가족들 모두에게 대단히 황망하고 당혹스러운 일이다. 이에 따라 사전에 자신의 문제를 정리하고자 하는 사람들이 늘고 있다. 유산배분 문제와 재산 형성에 공동체적 기여를 근거로 유산기부의 사회적 요구들도 증가되고 있다.

다섯째, 장례 제도와 사별가족 애도 문제가 있다. 장례는 시신을 정리하는 것일 뿐만 아니라 고인의 추모와 남은 가족의 애도의례가 핵심이다. 이에 따라 개인들의 사별슬픔에서 이를 벗어나기 위한 장례휴가제 제정, 장례의 위생적 관리, 자연장의 관리 등 국가의 제도적 지원이 뒷받침되고 있다. 또한 6개월에서 1년 정도의 사별경험에 따른 비탄을 고려해 사별가족의 애도뿐만 아니라 치유가 중요해지고 있다. 사별가족의 우울 등 광범한 비정상적 정신건강과 치매 등 정신질환이 사회문제가 되고 있기 때문이다.

Ⅳ. 죽음 유형

사회와 문화의 변화만큼 죽음의 모습도 다양화되었다. 죽음의 유형을 살펴보는 일은 삶의 마지막 통과의례와 관련된 일이기도 하다. 죽음의 사전적 의미를 한마디로 정의하면 '생물체의 생명이 소멸되는 것'이다. 생물체는 세포로 구성되어 있다. 세포 내에서 원활하게 일어나는 물질 합성과 분해, 에너지 생성과 사용 과정 모두를 세포의 생명활동으로 볼 수 있다.

의학적 측면에서 다루는 죽음은 신체적인 죽음이며, 생물학적 죽음과 임상학적 죽음으로 구분한다. 생물학적 죽음은 장기(臟器) 사망으로부터 세포 전체의 사망에 이르는 과정이다. 그러나 최후의 인체 세포가 사망했을 때를 '죽음 시간'으로 결정하고자 한다면 특정한 사망 시간을 결정하는 일은 이론적으로 불가능할 것이다. 그렇기에 의학적으로 호흡이 없고 심장이 정지된 상태이며 뇌의 활동이 중지된 임상적 죽음을 죽음의 정의로 받아들인다. 심장사와 뇌사 중 어느 것을 죽음이라고 정의할 것인지는 오래 전부터 논의가 계속되어 왔다[17].

죽음의 유형이 생물학적인 소멸만 있는 것은 아니다. 인간 본래의 본질을 어디에 두느냐에 따라 심리적 죽음, 사회적 죽음, 현상학적 죽음, 법적 죽음으로 분류할 수 있다[18]. 앞에서 살펴본 것처럼 '신체적 죽음'은 육체의 활동이 멈추는 것이다. 호흡과 심장박동이 정지되고 반사활동이 소실되어 생명유지에 필요한 모든 기능이 영구적으로 정지된 것을 의미한다. '심리적 죽음'은 정신 작용이 정지되는 것을 말한다. 불의의 사고나 알츠하이머 등의 병으로 뇌의 기능이 손상되어 자신이 누구인지 알지 못하는 상태다. '사회적 죽음'은 어떤 사람이 다른 사람에 의해 인식되는 방식을 의미하는 말이다. 살아 있음에도 불구하고 존재하지 않는 사람으로 여겨지거나, 인간 이하로 인식될 때 사회적

---

17 노유자 외, 『호스피스 · 완화의료』, 현문사, 2018, p.24-25.
18 이이정, 『죽음학 총론』, 학지사, 2011, p.18-22.

으로 죽은 사람이라고 말한다. 집단에서 제외되었거나 종교에서 파문된 경우, 타인을 불쾌하게 만든다는 이유로 배척당하는 경우 등을 들 수 있다. '현상학적 죽음'은 사회적인 태도나 행동과는 상관없이, 개인의 내부에 초점을 맞춘다. 스스로 자신이 살아 있는지 죽었는지 정의할 수 있다. 실존적 자아가 마음속에서 이미 죽은 경우라면 그는 현상학적으로 죽은 사람이라고 간주될 수도 있다. '법적 죽음'은 개인의 사망으로 인해 그의 재산이 유족이나 상속자에게 분배된다는 것을 법적 권위에 의해 판단하는 것을 의미한다.

[표 3] 법의학에 따른 죽음 유형

내인사 / 외인사	분류	내용
내인사(內因死)	자연사(自然死)	노화와 노쇠로 죽음
	병사(病死)	질병으로 죽음
외인사(外因死)	자살(自殺)	죽을 의도를 갖고 자살 시도를 통해 죽음에 이름
	타살(他殺)	타인에 의해 죽음
	사고사(事故死)	사고로 죽음
	불상(不詳)	외인사이지만 누구에 의해 죽었는지 모르는 죽음
불명(不明)		내인사인지 외인사인지 모르는 경우

참조: '죽음의 의학적 정의2', 김영조, 시니어매일(seniormaeil.com), 2019. 3. 18

① 자연사

과거 조상들은 인생의 바람직한 조건으로 오복(五福)[19]을 이야기했다. 오복 중 수명과 관련된 것은 3가지다. 첫째는 장수하는 것(壽)이다. 과거에는 질병과 전쟁, 기아가 심해 요절하는 사람들이 많았으니 오래 사는 일 자체가 큰

---

[19] 오복은 5가지 복을 뜻하는 단어로 중국 고전 『서경』의 <홍범편>에 나온 말이라고 한다. 수(오래 사는 것), 부(부유하게 사는 것), 강녕(건강하게 사는 것), 유호덕(덕을 좋아하고 베푸는 것), 고종명(깨끗한 죽음을 맞이하는 것)을 의미한다.

소망이었을 것이다. 장수한 사람은 특별한 삶의 기술이 있는 것으로 간주되어 존경의 대상이 되었다. 둘째는 일생 동안 건강하게 살아가는 강녕(康寧)이고, 셋째는 죽음을 깨끗이 맞고자 하는 고종명(考終命)이다. 이렇듯 명이 다하는 날까지 건강하게 살다가 편안히 집에서 일생을 마치는 모습이 '자연사'다. 자연사는 나이 들어 고통 없이 죽는 것을 뜻한다는 점에서 고통 없이 죽기를 바라는 소망이 반영된 것이기도 하다20. 당사자도 '살 만큼 살다가 간다'는 마음이기에 유족들도 부채의식을 거의 갖지 않았다.

② 외인사

외인사는 죽음의 원인이 외부에서 비롯된 죽음으로 예고 없이 발생하는 우연한 죽음이라는 특성이 있다. 자연재해나 산업재해, 노동재해 등을 비롯해 운수사고, 추락사고, 익수사고, 화재사고, 의료사고, 약물 등의 사고가 있다. 의도성에 따라 자살과 타살로 분류된다. 2019년 통계청 자료에 따르면 전체 사망 중 외인에 의한 사망이 차지하는 비중은 27,282명(12.32%)으로 자살, 운수사고, 추락사고 순이었다. 대규모 운송수단이 운집하는 공간에서 일어나는 사고는 대형 인명피해로 이어지기에 사전예방이 철저하게 실행돼야 할 것이다.

③ 심폐사와 뇌사

전통적인 죽음은 '심폐사'를 뜻한다. 심폐사에 이르면 몸이 딱딱하게 굳어움직이지 않는 사후경직이 발생하고 시신이 부패하기 시작된다. 20세기 중반부터 급속하게 발달된 심폐소생술과 인공호흡기, 심폐우회술의 등장으로 인해 인위적으로 심폐 기능을 유지하는 일이 가능해졌다. 그러나 인공적인 심폐 기능 유지에도 불구하고 결국 심정지에 이른다는 점에서 새로운 사망 기준이 대두되면서, '심폐사보다 앞선 죽음'이 논의되기 시작했다21.

---

20 이준일, 『13가지 죽음』, 지식프레임, 2015, p.25-26.
21 이준일, 앞의 책, p.38-39.

식물인간은 뇌의 다른 부분이 손상되어도 기본적인 생명활동을 담당하는 부분은 살아 있다. 심폐 기능에 문제가 없고 영양공급 등만 이루어지면 기계의 도움 없이도 살 수 있는 상태다. 하지만 뇌사는 의식이 없는 것은 물론 심폐 기능을 담당하는 연수(숨뇌)를 비롯한 뇌간(줄기뇌)까지 정지해 기계로 심폐 기능을 대신해 주지 못하면 살 수 없는 상태라는 차이점이 있다.

뇌사 상태에서는 인공호흡, 영양공급, 약물과 수액요법을 시행하더라도 대부분 1~2주 사이에 심정지에 이른다. 이에 뇌가 불가역적 또는 회복 불가능한 손상 상태에 놓이는 뇌사(brain-death)를 사망 시점으로 정의해야 한다는 주장이 제기되었다. 뇌사 판정은 국가에 따라 조금씩 상이하나 통증에 반응이 없는 깊은 혼수 상태와 무호흡 그리고 뇌간 기능의 소실이라는 3가지 기준이 공통적으로 적용되고 있다.

우리나라에서는 1989년 대한의사협회 산하의 '뇌사연구 특별위원회'가 구성되어 사망을 '심장과 호흡 기능의 정지 또는 뇌간을 포함한 전뇌 기능의 불가역적 소실'이라고 정의하였다.

④ 안락사

안락사를 논의할 때는 '생명의 가치'와 '고통 없는 삶의 가치'라는 관점에서 짚어볼 필요가 있다. 아울러 죽음을 앞둔 인간이 스스로 목숨을 끊을 권리가 있는지, 스스로 목숨을 끊기로 결정했지만 실행에 옮길 수 없을 때 의사를 포함해 누군가의 도움을 요청할 수 있어야 한다.

안락사는 일반적으로 불치병에 걸린 말기 환자가 겪게 되는 극심한 고통을 제거하는 수단으로 당사자가 죽음을 원할 때 죽도록 도와주는 행위를 일컫는다. '고통'을 육체적 고통으로 한정하는 견해도 있지만 정신적 고통으로까지 확대해야 한다는 주장도 있다. 또한 '현재 앓고 있는 치명적인 질병의 마지막 단계에서 육체적인 죽음에 처한 경우, 고유한 생존적, 정서적 고통을 피하기 위해 타인의 도움을 받거나, 도움 없이 자살하는 행위'로 정의되기도 한다.

[표 4] 안락사에 대한 분류

자의 / 타의	적극 / 소극	내용
자의적	적극적	환자의 뜻에 따라 의사가 적극적인 안락사를 시행하는 경우로 '의사조력자살'과 구분되는데 의사조력자살의 주체는 환자이다.
	소극적	환자의 뜻에 따라 치료중단이나 연명장치를 제거하는 경우로 자연사(natural death) 또는 진정 안락사22라 부르기도 한다. 미국 몇몇 주에서는 이를 인정하고 있으며 1976년 퀸란(Karen Quinlan)의 사례가 대표적이다.
비자의적	적극적	환자의 고통과 심각한 장애를 제거하기 위해 적극적인 안락사를 시행하는 것으로 자비로운 살인(mercy killing), 자비적 안락사(beneficent euthanasia), 반고통사(antidysthanasia)라고 한다.
	소극적	환자의 동의를 받을 수 없지만 죽게 내버려두거나(letting die), 죽음을 느리게(slowing death) 하거나 연명치료를 철회하는 것을 말한다.
반자의적	적극적	환자가 반대함에도 불구하고 주변에서 환자를 강제적으로 안락사(involuntary euthanasia)하는 것으로 범죄행위에 해당한다.

안락사는 환자의 동의 여부와 방식에 따라 구분하며, 환자의 동의 여부에 따라 '자발적 안락사'와 '비자발적 안락사'로 구분한다. 현실적으로 환자의 동의가 없는 비자발적 안락사는 살인 행위로 범죄에 해당된다. 또한 연명치료를 중단하는 '소극적 방식'과 의사가 처방한 약물을 투여하는 '적극적 방식'으로 구분하기도 한다. 일반적으로 약물 투여 등 죽음을 직접적으로 유발하는 방법을 동원하는 '적극적 안락사'만 금지되어야 한다고 보는 견해가 지배적이다. 반면 인공호흡기 같은 생명유지 장치를 제거하거나 생명을 유지하는 데 필요한 영양분, 약물 등의 공급을 중단하는 방식으로 시행되는 '소극적 안락사'는 보다 많은 사람들이 관용적인 시각을 갖고 있는 것으로 보인다.

---

22 진정 안락사(echte Sterbehilfe)란 환자의 생명을 단축시키지 않은 채 진정제나 마취제를 사용하여 고통만을 제거하여 환자를 자연사하게 하는 경우를 말한다. 이를 순수 안락사(reine Sterbehilfe)라고도 하며, 이 경우에는 살인죄와 관련한 생명단축이 문제되지 않고 고통 제거를 위한 치료를 통해 사망에 이르므로 자연사에 해당한다.

안락사에 대한 논의는 예전보다 활발해졌지만 여전히 찬반양론이 뜨겁다. 찬성하는 입장은 환자의 자율성을 존중하고 고통에서 해방되어 존엄성을 지키며 죽을 수 있는 권리를 합법적으로 부여해야 한다고 주장한다. 반대하는 입장은 경제적 원리에 따라 생명의 가치가 달라지는 등 생명 경시 풍조가 생길 수 있으며 오·남용이 확산될 것이라고 주장한다. 현재 우리나라에서는 안락사를 법으로 인정하지 않고 있다.

⑤ 자살

자살은 스스로 삶을 중단시키는 행위다. 2021년 통계청 자료에 따르면, 13,352명이 자살로 사망하였고 인구 10만 명당 자살자 수(자살률)가 23.6명으로 OECD(경제협력개발기구) 회원국 중에서 가장 높은 수치다.

사회학자 뒤르켐(David Émile Durkheim)은 『자살론』에서 자살은 매우 개인적으로 보이지만 결코 개인적 행위의 단순 총합이 아니라 사회적 사실(social fact)이며, 자살의 유형을 이기적 자살, 이타적 자살, 아노미적 자살, 숙명론적 자살로 구분했다.

'이기적 자살'은 집단의 결속이 약화되거나 깨져서 개인이 고립되어 있을 때 나타나며, '아노미적 자살'은 사회적 규제가 부족하거나 사회의 급격한 변화와 불안정으로 규범이 무너진 상황일 때 나타난다. '이타적 자살'은 개인의 사회적 결속이 너무 강할 경우 사회적 가치를 더 중요하게 생각할 때 일어난다고 하였다. '숙명론적 자살'은 개인에 대한 사회의 억압이 지나치게 강해서 무력감을 느낄 때 나타난다.

한편, 이준일(2015)은 자살의 원인이 경제적 요인, 개인적·사회적 관계형성의 요인, 문화적 요인, 심리적 요인 등 상황에 대한 이해가 복합적으로 기인하는 데 있다고 하였다[23].

---

23 이준일, 앞의 책, p.121-129.

⑥ 고독사

우리나라에서 고독사(孤獨死)라는 개념이 등장한 것은 그리 오래되지 않았다. 2022년 통계청 자료에 따르면, 3,378명이 고독사로 사망한 것으로 추정된다. 추정하는 것은 사망 원인별로 사망자 통계를 잡는 현 상황에서 의료적으로 '고독'은 사망의 원인으로 간주하지 않고 있기 때문이다. 통계적으로 제대로 검토되지 못한 고독사는 '통계 없는 죽음'으로 불리며 정확한 개념도 정의되지 못하고 있는 실정이다.

그동안 고독사를 연구한 문헌에서 제시하는 고독사의 정의는 '아무에게도 보살핌을 받지 못한 상태에서 사망하고, 그 후로도 상당 기간 동안 방치되는 죽음' 또는 '혼자서 임종을 맞이하고, 시신이 사망 시점으로부터 일정 시간이 경과한 후에 발견되는 죽음의 사례'라고 되어 있다24. 심리적 부분을 강조할 경우 고독사, 사회적 관계를 강조할 경우 고립사(孤立死)라고도 한다. 연고나 연고자가 없어 무연고사(無緣故死)라고 부르기도 한다. 고독사는 단순히 죽음의 문제를 넘어 노인 인구와 1인가구의 삶에 직·간접적으로 영향을 미치는 현상이다. 발견되기까지 시간이 걸리기도 하기에 시신의 부패나 백골화 현상이 발생하여 주변에 악취와 해충 같은 위생 문제를 일으키기도 한다25.

V. 나가며

근대화 이전의 사회에서는 공동체의 관심과 돌봄이 살아 있어서 극단적인 고립은 발생하지 않았다. 그러나 개인화가 가속화되는 현대 사회에서는 자발적·비자발적 고립으로 다양한 죽음 유형이 나타나고 있다. 또한 과학기술의

---

24 이상명, 「고독사에 대한 법적고찰-노인 고독사에 대한 법사회학적 논의를 중심으로」, 한국정책학회: 법과 정책연구, 16(4), 2016, p.63.
25 서진혁, 「우리나라 고독사의 실태와 추이」, 경북대학교수사과학대학원, 2013.

발전과 생태 변화로 죽음의 과학화가 진전되고 있다. 의생명공학뿐만 아니라 과학기술의 발전은 질병치료를 넘어 몸의 많은 부분의 기능을 향상시킬 수 있게 되어 인간이 영원히 살 수 있다는 생각에도 영향을 미치고 있다. 실제 완치가 불가능한 말기 상황에서도 지속적으로 생명을 연장하는 연명의료기술이 발전되고 있어 죽음의 종말을 예견하는 사람들도 등장하고 있다. 그런데 이러한 의료기술의 발전과 더불어 죽음의 과학화는 인간의 생명과 육체를 대상화시키면서 과연 윤리적으로 어떤 개입이 정당한지를 쟁점화하고 있으며, 그에 따라 개인의 가치와 생사관에 따라 자기결정을 요구하는 결과를 낳고 있다. 하지만 현대 사회를 위험사회(risk society)26라고 일컫는 것처럼 대규모 죽음이 상시화되는 사회가 되고 있다. 현대 사회의 제반 제도는 경제적 비용-효과 산정을 기초로 효과성과 효율성을 강조하는 사회제도 시스템에 따라 생태환경을 파괴하고 상시적인 위험에 노출되어 대규모 자연재해나 수많은 사건 사고 등이 나타나고 있다.

따라서 사회 체계 속에서의 죽음에 대한 이해는 시민으로서 현대 사회적 요구를 바르게 이해함과 동시에 새로운 사회 변화에 따른 새로운 죽음교육 과제를 발굴하는 데 관심을 기울여야 한다.

---

26 위험사회(危險社會, risk society)는 독일 사회학자 울리히 벡이 1986년 자신의 저서 『위험사회』에서 정립한 용어다. 그는 위험사회를 "자연적 재난과는 다르게 성공적인 근대화의 과정에서 초래된 정치적, 경제적, 사회적, 기술적 변화의 산물"이라고 정의했다.

◠◠ 죽음 체계와 죽음 유형에 대해 생각해 봅시다

1. 만약, 말기 암을 앓고 있는 사랑하는 가족이 심한 통증과 고통을 호소하며 안락사를 해달라고 한다면 어떻게 하시겠습니까?

2. 고통 속에 있는 지인이 "죽고 싶어!"라고 당신에게 호소한다면 무엇이라 말해주겠습니까?

3. 개인화되어 가고 있는 사회에서 '고독사'를 줄이기 위해 어떤 일을 할 수 있을까요?

4. 선택할 수 있다면 어떤 유형의 죽음을 맞이하고 싶나요? 그 이유는 무엇입니까?

05 죽음과 관련 법

오영진

2018년 10월 호스피스의 날을 맞이하여 서울대 의대 윤영호 교수팀은 2016년 환자와 그 가족, 의사와 일반인 각각 약 1,000명씩, 총 4,176명을 대상으로 '좋은 죽음' 10가지를 설문 조사해 그 결과를 공개했다. 조사 결과 환자와 일반인은 '가족에게 부담주지 않는 것'을 좋은 죽음의 첫째 요소로 꼽았다. 환자의 가족들도 '가족이나 의미 있는 사람이 함께 있는 것'이 가장 중요하다고 답해 가족 중심적 사고방식에는 큰 차이가 없었다. 특히 가족에 대한 부담감, 가족 존재 여부, 주변 정리 등 3가지 요소가 의사를 제외한 그룹 3분의 2 이상에서 가장 중요한 '좋은 죽음'의 요건이었다. 죽음은 한 개인의 죽음으로 끝나는 것이 아니라 남아 있는 가족, 남아 있는 의미 있는 사람들에게 지속적으로 영향을 끼치는 중요한 사건이다.

이번에는 죽음 관련 법률에 대해서 일부만 간략하게 살펴보고자 한다. 죽음과 관련된 법으로는 연명의료결정법, 상속과 유언에 관한 법률, 사형제도와 관련된 형법이나 낙태법, 장사법, 장기이식에 관한 법률 등이 있다.

I. 호스피스·완화의료 및 임종 과정에 있는 환자의 연명의료결정에 관한 법률 (약칭: 연명의료결정법)

[시행 2022. 3. 22] [법률 제18627호, 2021. 12. 21, 일부 개정]

연명의료결정법은 호스피스·완화의료와 임종 과정에 있는 환자가 연명의료와 연명의료 중단 등을 결정하고 이행하는 데 필요한 사항을 규정함으로써 환자의 이익을 최선으로 보장하고 자기결정을 존중하여 인간으로서의 존엄과 가치를 보호하는 것을 목적으로 제정되었다.

환자의 의향에 따라, 임종 과정에 있는 환자가 의학적으로 무의미한 연명의료를 받지 않거나 중단할 수 있도록 제도적 장치를 마련한 것이 '연명의료결정제도'이다. 의학적으로 무의미한 연명의료에 대해 사회적 공감대가 형성되면서 2016년 2월 '호스피스·완화의료 및 임종 과정에 있는 환자의 연명의료결정에 관한 법률'이 제정되었고, 이에 따라 연명의료 결정제도가 2018년 2월 4일부터 시행되고 있다. 연명의료 결정제도를 통해 환자는 자신의 마지막을 선택할 수 있으며, 환자 가족들은 심리적, 사회적 부담을 덜어낼 수 있다.

'연명의료'란 임종 과정에 있는 환자에게 할 수 있는 심폐소생술, 혈액투석, 항암제 투여, 인공호흡기 착용, 체외생명유지술, 수혈, 혈압상승제 투여 등의 의학적 시술로서 치료 효과 없이 임종하기까지의 기간만 연장하는 의료 시술을 뜻한다.

'임종 과정에 있는 환자'란 담당 의사와 해당 분야 전문의로부터 '회생 가능성이 없고', '치료를 받았음에도 회복되지 않으며', '급속도로 증상이 악화돼 사망이 임박한 상태'라는 의학적 판단을 받은 사람을 의미한다. 19세 이상이면 누구나 자신이 향후 임종 과정에 있는 환자가 되었을 때를 대비해 연명의료와 호스피스에 관한 의향을 문서로 작성해 둘 수 있다. 사전연명의료의향서는 반드시 보건복지부로부터 지정받은 등록기관을 방문해 충분한 설명을 들은 뒤 작성하고 등록해야 한다. 가까운 등록기관이 어디인지는 연명의료정보포털

(www.LST.go.kr)에서 확인할 수 있다. 사전연명의료의향서 작성에는 비용이 들지 않으며, 본인 확인을 위해서 반드시 신분증을 지참해야 한다.

이 법에서 사용하는 용어의 뜻은 다음과 같다(개정 2018. 3. 27).

1. '임종 과정'이란 회생의 가능성이 없고, 치료에도 불구하고 회복되지 아니하며, 급속도로 증상이 악화되어 사망이 임박한 상태를 말한다.

2. '임종 과정에 있는 환자'란 제16조에 따라 담당 의사와 해당 분야의 전문의 1명으로부터 임종 과정에 있다는 의학적 판단을 받은 자를 말한다.

3. '말기 환자(末期患者)'란 적극적인 치료에도 불구하고 근원적인 회복의 가능성이 없고 점차 증상이 악화되어 보건복지부령으로 정하는 절차와 기준에 따라 담당의사와 해당 분야의 전문의 1명으로부터 수개월 이내에 사망할 것으로 예상되는 진단을 받은 환자를 말한다.

4. '연명의료'란 임종 과정에 있는 환자에게 하는 심폐소생술, 혈액투석, 항암제 투여, 인공호흡기 착용 및 그 밖에 대통령령으로 정하는 의학적 시술로서 치료 효과 없이 임종 과정의 기간만을 연장하는 것을 말한다.

5. '연명의료중단 등 결정'이란 임종 과정에 있는 환자에 대한 연명의료를 시행하지 아니하거나 중단하기로 하는 결정을 말한다.

6. '호스피스·완화의료'(이하 '호스피스'라 한다)란 다음 각 목의 어느 하나에 해당하는 질환으로 말기 환자로 진단을 받은 환자 또는 임종 과정에 있는 환자(이하 '호스피스 대상 환자'라 한다)와 그 가족에게 통증과 증상의 완화 등을 포함한 신체적, 심리·사회적, 영적 영역에 대한 종합적인 평가와 치료를 목적으로 하는 의료를 말한다.

　　가. 암

　　나. 후천성면역결핍증

　　다. 만성 폐쇄성 호흡기질환

　　라. 만성 간경화

　　마. 그 밖에 보건복지부령으로 정하는 질환

법의 기본 원칙은 다음과 같다.

① 호스피스와 연명의료 및 연명의료 중단 등 결정에 관한 모든 행위는 환자의 인간으로서의 존엄과 가치를 침해하여서는 아니된다.

② 모든 환자는 최선의 치료를 받으며, 자신이 앓고 있는 상병(傷病)의 상태와 예후 및 향후 본인에게 시행될 의료행위에 대하여 분명히 알고 스스로 결정할 권리가 있다.

③ 「의료법」에 따른 의료인(이하 '의료인'이라 한다)은 환자에게 최선의 치료를 제공하고, 호스피스와 연명의료 및 연명의료 중단 등 결정에 관하여 정확하고 자세하게 설명하며, 그에 따른 환자의 결정을 존중하여야 한다.

연명의료결정법이 제정되기까지는 두 가지 사건이 매우 주요한 영향을 미쳤다. 처음으로 논의를 불러일으킨 사건은 1997년에 발생한 '보라매병원 사건'이다. 1997년 12월 술에 취해 화장실에 가던 중 넘어져 머리를 다친 김씨를 부인이 퇴원시킨 사건으로, 당시 김씨는 보라매병원에서 뇌수술을 받아 혈종을 제거하였으나, 뇌부종으로 자발호흡이 돌아오지 않아 인공호흡기를 부착했다. 김씨는 부르면 눈을 뜨고 통증을 가하면 반응을 하는 등 의식이 회복되는 추세였으나 자발호흡을 할 수 없는 상태였다. 이에 김씨의 부인은 남편이 사업 실패 후 지속적으로 가족을 구타했으며, 남편이 인공호흡기에 의지해 살 경우 가족에게 짐만 되고, 후일 추가로 발생하는 치료비 역시 부담하기 힘들다는 이유로 보라매병원에 퇴원을 요구했다. 보라매병원은 퇴원을 반대하다가 결국 퇴원 시의 사망 가능성을 설명하고, 김씨의 아내로부터 피해자 사망에 대한 법적 이의를 제기하지 않겠다는 귀가서약서를 받은 직후 김씨를 퇴원시켰다. 김씨는 자택에 도착한 직후 인공호흡을 중단하고 인계됐는데, 인공호흡기를 제거한 지 5분 뒤 김씨는 사망했다.

이 사건은 살인방조죄냐 아니냐를 두고 대법원까지 가게 됐으며 김씨를 퇴원시켰던 의료진은 결국 살인방조죄로 처벌받았다. 보라매병원 사건으로 '존엄사'에 대한 사회적 관심이 높아졌고, 이후 2008년 '김할머니 사건'을 통해 '존엄사'에 대한 본격적인 논의가 이뤄지기 시작했다.

'김할머니 사건'은 2008년 세브란스병원에 입원해 조직검사를 받다가 과다출혈로 인한 뇌손상으로 식물인간 상태에 빠진 김할머니에 대해 연명치료를 중단해 달라고 소송한 사건이다. 당시 가족들은 무의미한 연명치료의 중단을 병원에 요청했으나, 병원 측이 이를 거부했다. 보라매병원 사건 이후로 대부분의 병원이 소생 가능성이 없는 환자에 대해서도 퇴원 요구를 거절해 왔기 때문이다. 이에 김할머니 가족이 소송을 제기하며 '존엄사'를 둘러싼 본격적인 법정 소송이 이루어지게 됐다. 1심과 2심을 거쳐 2009년 5월 21일 대법원은 '존엄사'에 대해 회복 불가능한 사망의 단계에 이른 환자가 인간으로서의 존엄과 가치, 행복추구권에 기초하여 자기결정권을 행사하는 것으로 인정되는 경우에는 특별한 사정이 없는 한 연명치료의 중단이 허용될 수 있다고 판결하였다.

이후 정부는 국민 인식조사 관련 연구 결과, 사회적 합의체 운영 결과 등을 토대로 의학적으로 의미가 없는 연명의료의 유보나 중단에 관한 공감대를 형성하고자 노력했지만, 결정 주체와 방법 등 구체적인 절차에 대한 합의를 이루지 못했다. 2013년 대통령 소속 국가생명윤리심의위원회에서 특별위원회를 구성하여 '연명의료 중단 등 결정'과 관련된 구체적인 기준과 내용을 제시하면서 특별법 제정을 권고하였고, 2015년 임종 과정에 있는 환자에 대한 연명의료 유보 및 중단 등에 관한 법률이 제안되었다. 이후 법률안에 대한 검토 과정에서 임종 돌봄의 병행 제공 필요성이 강력하게 제기되면서, 2016년 2월 호스피스·완화의료와 연명의료를 함께 다루는 '호스피스·완화의료 및 임종 과정에 있는 환자의 연명의료결정 등에 관한 법률'(이하 연명의료결정법)이 제정되었다.

II. 장기 등 이식에 관한 법률 (약칭: 장기이식법)

이 법은 장기 등의 기증에 관한 사항과 사람의 장기 등을 다른 사람의 장기 등의 기능 회복을 위하여 적출(摘出)하고 이식(移植)하는 데에 필요한 사항을 규정하여 장기 등의 적출과 이식을 적정하게 하고 국민 보건을 향상시키는 데에 이바지하는 것을 목적으로 한다.

기본 이념은 다음과 같다.

① 장기 등의 적출과 이식은 인도적 정신에 따라 이루어져야 한다.

② 장기 등을 기증하려는 사람이 자신의 장기 등의 기증에 관하여 표시한 의사는 존중돼야 한다. 이 경우 장기 등을 기증하려는 사람의 의사는 자발적인 것이어야 한다.

③ 장기 등을 이식받을 기회는 장기 등의 이식이 필요한 모든 사람에게 공평하게 주어져야 한다.

④ 장기 등의 적출과 이식은 윤리적으로 타당하고 의학적으로 인정된 방법으로 이루어져야 한다.

장기 등 기증자의 존중

① 장기 등 기증자의 이웃 사랑과 희생정신은 언제나 존중되어야 한다.

② 누구든지 장기 등 기증을 이유로 장기 등 기증자를 차별대우하여서는 아니된다.

③ 국가 또는 지방자치단체는 제2항을 위반하여 장기 등 기증자에게 불이익을 주거나 차별대우를 한 것으로 인정되는 자에 대하여 시정을 요구할 수 있다.

정의

이 법에서 사용하는 용어의 뜻은 다음과 같다(개정 2019. 1. 15, 2020. 4. 7).

1. '장기 등'이란 사람의 내장이나 그 밖에 손상되거나 정지된 기능을 회복하기 위하여 이식이 필요한 조직으로서 다음 각 목의 어느 하나에 해당하는 것을 말한다.

　가. 신장·간장·췌장·심장·폐

　나. 말초혈(조혈모세포를 이식할 목적으로 채취하는 경우에 한정한다)·골수·안구.

　다. 뼈·피부·근육·신경·혈관 등으로 구성된 복합조직으로서의 손·팔 또는 발·다리.

　라. 제8조 제2항 제4호에 따라 장기 등 이식윤리위원회의 심의를 거쳐 보건복지부 장관이 결정·고시한 것.

　마. 그 밖에 사람의 내장 또는 조직 중 기능 회복을 위하여 적출·이식할 수 있는 것으로서 대통령령으로 정하는 것.

2. '장기 등 기증자'란 다른 사람의 장기 등의 기능 회복을 위하여 대가 없이 자신의 특정한 장기 등을 제공하는 사람으로서 제14조에 따라 등록한 사람을 말한다.

3. '장기 등 기증희망자'란 본인이 장래에 뇌사 또는 사망할 때(말초혈 또는 골수의 경우에는 살아 있을 때를 포함한다) 장기 등을 기증하겠다는 의사표시를 한 사람으로서 제15조에 따라 등록한 사람을 말한다.

4. '장기 등 이식대기자'란 자신의 장기 등의 기능 회복을 목적으로 다른 사람의 장기 등을 이식받기 위하여 제14조에 따라 등록한 사람을 말한다.

5. '살아 있는 사람'이란 사람 중에서 뇌사자를 제외한 사람을 말하고, '뇌사자'란 이 법에 따른 뇌사판정 기준 및 뇌사판정 절차에 따라 뇌 전체의 기능이 되살아날 수 없는 상태로 정지되었다고 판정된 사람을 말한다.

6. '가족' 또는 '유족'이란 살아 있는 사람·뇌사자 또는 사망한 자의 다음 각 목의 어느 하나에 해당하는 사람을 말한다. 다만, 14세 미만인 사람은 제외한다.

가. 배우자

나. 직계비속

다. 직계존속

라. 형제자매

마. 가목부터 라목까지에 해당하는 가족 또는 유족이 없는 경우에는 4촌 이내의 친족

국립장기조직혈액관리원이 2022년 발간한 '2021년도 장기 등 이식 및 인체조직기증 통계연보'에 따르면, 뇌사이식자 기준 장기이식 시 11년 생존율은 73.45%인 것으로 나타나, 장기기증은 한 사람을 구할 수 있을 뿐 아니라 그 가족과 공동체까지 구할 수 있는 가치 있는 행동이라고 말할 수 있다. 하지만 우리나라에서는 불의의 사고와 만성질환 등으로 인해 많은 사람이 장기이식을 간절하게 기다리고 있지만, 대기자에 비해 실제 뇌사 장기기증자 수는 턱없이 적은 상황이다.

2022년 10월 기준 한국 장기이식 대기자 수는 4만446명이고, 뇌사 기증자 수는 442명이었다. 장기이식 대기자의 평균 대기시간은 약 5년 4개월이며, 2021년에는 약 2,480명이 장기이식을 기다리던 중 세상을 떠났다. 우리나라 장기기증 희망등록자 수는 173만7,753명으로, 인구 대비 장기기증 희망등록률은 약 3%대에 머물러 있다. 장기이식 희망등록자 수가 적은 가장 큰 이유는 장기기증에 대한 부정적인 사회적 인식이다. '장기·인체조직 기증에 대한 인식조사'에 의하면, 2020년 국민 10명 중 약 6명이 장기·인체조직 기증 의사가 "있다"고 대답했지만, 실제 기증희망 등록에 참여한 비율은 14.6%에 불과했다.

더불어 2021년 장기기증을 주저하는 가장 큰 이유는 '신체 훼손에 대한 거부감'이 36.5%, '막연한 두려움'이 26.8%로 조사됐다. 장기기증을 희망하는 사람이라면 누구나 국립장기조직혈액관리원 홈페이지(www.konos.go.kr)에서 온라인으로 등록할 수 있다. 우편, 팩스, 또는 장기이식등록기관 방문 등록도 가능하다. 장기이식등록기관은 국립장기조직혈액관리원 홈페이지에서 조회하면 된다.

Ⅲ. 상속 · 유언에 관한 법률

제1장 상속

상속은 사망으로 인하여 발생한다. 사람은 출생신고에 의해 한 인격체로 성장하게 되며, 성인이 되면서 국가가 주는 제반 권리와 의무를 행사하며 살다가 죽음으로 인하여 삶에서 향유해 오던 모든 권리와 의무가 끝나며, 생전에 누렸던 인격의 주체도 모두 소멸되는 것이다. 이때부터 생존 시에 소유하고 있던 재산상의 지위 내지 권리 · 의무가 일정한 관계에 있는 사람(상속인)에게 포괄적으로 승계되는 행위가 발생한다. 이를 상속행위라고 한다. 법률에서 상속은 개인이 소유한 재산을 생존해 있는 사람에게 승계하는 재산상속이 일반적이다.

상속의 요건이 되는 '사람의 사망'에는 자연사와 실종선고에 의한 실종사, 그리고 인정사 등이 있다.

1. 상속재산

사망 당시 갖고 있던 일체의 재산상 권리와 의무가 포괄적으로 상속된다. 권리라 함은 예를 들면 부동산(가옥 · 토지), 동산(현금 · 의류 · 패물 · 그림), 주택

임차권, 채권, 지적재산권(상표권·실용신안권·저작권), 광업권이나 어업권 등이고, 의무라 함은 차용금 반환채무와 보증채무 등이 있는데 채무도 상속재산에 포함된다.

2. 상속의 개시와 장소

1) 상속은 피상속인이 사망하는 순간에 개시된다(민법 제997조).

사망이라 함은 실종선고(생사가 분명치 않은 채 5년 경과, 민법 제27조 1항), 인정사망(재난 등으로 시신이 발견되지 않은 상태로 1년 경과, 민법 제27조 2항)도 모두 포함한다.

2) 상속개시의 장소는 피상속인의 주소지에서 개시한다(민법 제998조 1항).

3) 상속에 관한 모든 법적 기준은 상속개시 당시 상속법이 적용된다(민법 제997조).

4) 상속에 관한 비용은 상속재산 중에서 지급한다(민법 제998조 2항).

3. 민법상 상속순위

상속에는 법정상속과 유언상속, 대습상속이 있다. 법정상속은 사망자의 유언이 없는 경우를 대비하여 현행민법이 상속인의 범위와 순위, 상속분을 정하고 있다. 민법은 상속에 있어서는 법정상속보다 피상속인의 의사를 더 존중하고 있기 때문에 유언상속이 우선 존중되고 있다. 따라서 유언이 있다면 그 유언에 따라서 상속을 받게 되며, 유언이 없는 경우에는 법정상속에 따라 상속이 이루어진다.

그러나 피상속인의 자유의사인 유언을 존중하면서도 남아 있는 상속인을 보호하기 위해 유류분(遺留分) 제도를 두고 있다. 또한 상속인이 될 직계비속, 형제자매가 상속개시 전에 사망하거나 결격자가 된 경우에는 그 직계비속이나 배우자가 사망자나 결격자의 상속분을 받는다. 이를 대습상속이라고 한다. 현행 민법상의 법정상속은 혈족관계와 혼인을 기초로 해서 구축되어 있다. 민법이 정한 법정상속 순위는 다음과 같다(민법 제1000조 상속의 순위).

민법상의 법정상속 순위

제1순위	직계비속과 배우자	항상 상속인이 된다.
제2순위	직계존속과 배우자	제1순위가 없는 경우
제3순위	형제자매	제1, 2순위가 없는 경우
제4순위	4촌 이내의 방계혈족	제1, 2, 3순위가 없는 경우
기타순위	특별순위 및 최종순위	특별한 연고인 및 국가

배우자의 상속 순위

배우자는 1순위인 직계비속과 공동 상속인이 된다.

직계비속이 없는 경우에는 2순위인 직계존속과 공동 상속인이 된다.

직계존속과 직계비속이 모두 없는 경우에는 단독 상속인이 된다.

상속 순위를 결정할 때 태아는 이미 출생한 것으로 본다. 법정상속인의 결정에 있어서 같은 순위의 상속인이 여러 명인 경우에는 촌수가 가장 가까운 상속인을 우선순위로 하며, 촌수가 같은 상속인이 여러 명인 경우에는 공동 상속인이 된다. 피상속인의 직계비속으로 자녀 2인과 손자녀 2인이 있는 경우, 자녀 2인이 공동 상속인이 되며 손자녀는 법정상속인이 되지 못한다.

4. 상속지분(相續持分)

상속 재산의 분배 순서: 유언 ⇒ 협의 분할 ⇒ 법정상속분

1) 지정상속: 유언자(피상속인)의 자유로운 의사에 따라 유언대로 상속된다.

2) 법정상속분: 법으로 정해진 지분에 따라 법대로 상속되며, 상속이 개시된 사망 당시의 법이 적용된다(현재 1991. 1. 1. 시행령).

3) 협의 분할: 상속인 전원의 만장일치로 협의된 법정상속분과 다른 내용

을 작성하여 가정법원에 제출한다.

4) 특별기여분: 같은 순위의 공동 상속인 중에서 사망자의 재산을 증가시키거나 그 재산의 감소를 막는 데 특별히 공로가 있는 사람, 또는 사망자를 특별히 부양한 사람은 그 기여한 몫을 더 받을 수 있다. 이 몫에 대해 공동 상속인 사이에 협의가 이루어지지 않을 때는 당사자의 청구에 의하여 가정법원에서 결정한다.

법정상속분

1) 1순위자의 배우자는 자녀 몫보다 50%를 더 받는다.

2) 1순위자의 자녀들끼리는 아들, 딸, 혼인 외자, 혼인 중인 자, 양자, 친생자, 미혼, 기혼, 태중의 자녀까지도 모두 동일한 비율로 균등분할한다(민법 제1009조 2항).

3) 배우자와 부모 또는 조부모와 공동 상속이 될 때도 배우자는 50%를 더 받는다.

4) 그러나 유언이 없을 경우에 '상속인 전원 협의'에 의하여 법정 상속비율과 다르게 분할할 수도 있다.

5) 묘지와 묘지에 속한 1정보 이내의 금양임야와 600평 이내의 묘토인 농지 족보, 제구, 영정 등 제사 또는 추도식용 재산의 소유권은 장자에게 당연히 귀속되는 것이 아니라 실제로 제사 또는 추도식을 주재하는 사람이 승계한다.

기여분

같은 순위 공동 상속인 중에 사망자의 재산을 증가시키거나 그 재산의 감소를 막는 데 특별한 공로가 있는 사람, 또는 사망자를 특별히 부양한 사람은 자기 고유의 상속분에 '기여분'을 가산해서 기여한 몫을 더 받을 수 있다. 이 때 공동 상속인 사이에 협의가 이루어지지 않을 때에는 당사자가 가정법원에 청구하여 (기여의 시기와 방법, 기여의 정도, 그 외의 여러 가지 사정을 고려하여) 기여분을 더 받을 수 있다(민법 제 1008조 2항).

5. 대습상속

대습상속이란 상속권을 가지고 있는 자가 상속이 개시되기 전에 사망하거나 상속결격 사유에 해당되어 상속권을 상실한 경우에 그 자의 직계비속이 그 자에 갈음하여 상속하는 것을 말한다. 대습상속에 있어서는 피상속인과 상속인이 동시에 사망한 경우에 있어서도 대습상속권이 발생한다. 예를 들어 할아버지와 할머니가 같은 사고로 동시에 사망한 경우에는 손자가 할아버지의 상속권이 있다는 것이다. 대습상속인이 여러 명인 경우에는 본위상속(상속인과 피상속인 사이에 다른 사람을 두지 않고 본래의 순위로서 하는 상속)에 있어서의 순위에 의하고, 동순위가 여러 명인 때는 균등으로 분할하고, 대습상속의 상속분은 사망이나 결격된 자의 상속분이다.

Q. 장남인 아버지는 오래 전 이미 사망했고, 최근 할아버지가 유언 없이 사망했다면?

A. 본인의 아버지는 돌아가신 할아버지의 제1순위 상속권자였으나 할아버지보다 먼저 사망하였으므로, 아버지의 아들인 본인이 아버지의 상속순위에 갈음하여 할아버지의 상속인이 될 수 있다.

6. 상속포기와 한정승인

사망한 사람의 권리, 의무 일체를 승계하는 것이 상속이므로, 부동산이나 현금 등 적극적 재산뿐만 아니라 소극적 재산인 빚도 물려받게 된다. 적극적 재산보다 소극적 재산이 더 많을 경우에 상속인에게 3개월 이내에 '단순승인', '한정승인', '상속포기' 가운데 하나를 선택하도록 기회를 준다.

1) 예를 들어 상속재산보다 상속채무가 많아도 '단순승인'하여 자기 재산

으로 상속받은 채무를 변제하든지,

2) 아니면 상속받는 재산의 한도 내에서만 채무를 갚을 조건으로 상속받는 '한정승인'을 할 것인지,

3) 또는 일체의 모든 재산(적극적 재산과 소극적 재산 모두)을 포기하는 '상속 포기'를 할 것인지 결정하여 기간 안에(3개월, 1회 연장가능 총 6개월) 법원에 의사표시를 해야 한다.

4) 그 외에 채무와 관계없이 자유로운 의사에 의한 상속포기도 가능하다 (민법 제1019조).

7. 상속권이 침해당했을 경우

법원에 '상속 회복 청구'를 할 수 있다.

상속권이 침해된 사실을 안 날로부터 3년, 상속권의 침해 행위가 있은 날로부터 10년 이내에 '회복 청구'를 할 수 있고, 이 기간을 경과하면 그 권리를 잃게 되어 자연소멸된다(민법 제999조 2항).

8. 상속인이 상속받은 통장 비밀번호를 모를 때

상속인이 비밀번호를 모르는 상속받은 통장의(제2금융권까지) 현금은 금융감독원이나 전국 국민은행(국민은행 통장이 아니어도)에서 상속인임을 증명할 수 있는 피상속인의 사망진단서 또는 유언장 등을 은행에 제출해 출금할 수 있다.

9. 상속결격 사유

상속권은 망자와 상속인 사이에 가족의 신뢰 관계를 바탕으로 인정하는 것인데, 부정한 방법으로 상속을 본인에게 유리하도록 만들거나 만들려고 한 자는 가족 간 신뢰를 저버린 행동을 했으므로, 상속권을 인정하지 않고 있다. 이를 상속결격이라고 하며, 상속결격의 사유는 다음과 같다.

1) 고의로 직계존속, 피상속인, 그 배우자 또는 상속의 선순위나 동순위에

있는 자를 살해하거나 살해하려고 한 경우

2) 고의로 직계존속, 피상속인과 그 배우자에게 상해를 가하여 사망에 이르게 한 경우(단순히 구타를 한 경우는 상속결격 사유가 되지 않는다)

3) 사기 또는 강박으로 상속에 대해 유언하는 것 또는 유언의 철회를 방해한 경우

4) 완전하게 성립된 유언서를 상속인이 고의로 변조, 위조, 파기, 은닉한 경우

가족 간에 돈을 둘러싼 시비와 갈등, 부모의 재산은 자식들의 안녕과 행복이 아니라 자식들과 혈연 간의 불화와 반목으로 이어져 서로 씻기 어려운 상처를 주고받는 결과를 낳는다. 자식들 간의 상속 다툼, 때론 자식과 부모 사이의 소송은 '부모 재산이 곧 내 재산'이라는 의식 때문이며, 부모가 일궈놓은 遺言재산은 당연히 자신의 소유여서 더 많이 받기를 원하는 무임승차 같은 삶의 태도 때문이다.

재산 다툼은 고액재산가에서 빈발하고, 심지어 상속 재산을 노려 부모를 살해하는 경우도 있다. 전 세계적으로도 상속실패율이 70%가 된다는 조사 보고가 있다. 이 보고는 상속실패의 주요 원인을 가족 내 대화 단절과 상속에 대한 준비 부족, 가족자산관리에서 상속인들이 맡고 있는 역할에서의 능력 부족으로 꼽았다. 상속을 제대로 계획하고 준비하지 않으면, 아무리 많은 재산이 상속되었다 하더라도 형제·자매 또는 친인척 간에 불화가 발생하는 원인을 제공할 수 있으므로, 고인의 유지와는 전혀 다른 결과를 낳을 수 있다.

제2장 유언(遺言)

사람이 자기가 사망한 후에 재산의 처분이나 자녀의 처우 등에 관하여 법적인 효력을 갖는 의사표시를 하는 것이 유언이다. 유언은 요식행위(要式行爲)

로서 법률에 규정한 방식에 따라야만 효력이 있고, 그 내용도 법률에서 정한 것에 한하도록 되어 있다.

유언은 유언자가 사망한 후에 효력이 발생하므로, 본인이 살아 있는 한 언제라도 자유롭게 유언의 전부 또는 일부를 철회할 수 있다. 또한, 유언을 철회하지 않겠다는 약속을 했다 하더라도 그 약속은 무효이기 때문에 철회할 수 있다. 유언을 철회하는 방법은 그 철회를 유언으로 다시 할 수도 있고 생전 행위로 할 수 있다. 일단 본인이 철회하면 유언은 처음부터 하지 않았던 것과 마찬가지가 된다. 각기 다른 내용의 유언을 각기 다른 방식으로 할 수도 있으나 이 중에서 최후의 것이 효력이 있다.

1. 유언의 특징

1) 유언은 절대자유이다.

2) 유언자가 사망해야 효력이 발생한다.

3) 만 17세 이상이면 누구나 언제라도 할 수 있다.

4) 사망 후에 재산의 처분이나 자녀의 처우 등에 관하여 법적인 효력을 갖는 의사표시다.

5) 유언은 요식행위(要式行爲)로서 법률에 규정한 방식에 따라야만 효력이 있다.

2. 유언의 종류

1) 자필증서에 의한 유언

자필증서 유언이란 유언자가 유언서 전문, 작성 연월일, 주소, 서명, 날인(지장 포함)을 자신이 직접 함으로써 성립한다. 藝名

① 정해진 양식이 있는 것은 아니며 위 요건을 갖춰 자유롭게 쓰면 된다.

② 유언장이 여러 장일 경우에는 간인이나 편철, 일련번호를 적어 하나의 유언장임을 알 수 있게 해야 한다. 반드시 작성 연월일을 써야 한다. 만일 유

언을 갱신했을 경우 가장 최근에 쓴 유언장이 효력을 발생하기 때문이다.

③ 만일 글자를 더 써넣거나 삭제해야 할 경우, 또는 고쳐야 할 사항이 있을 때는 고치고 반드시 그 자리에 날인을 해야 한다.

④ 대리인이 작성한 유언은 법적인 효력이 없다.

⑤ 컴퓨터로 작성하여 출력한 것도 효력이 없다.

⑥ 성명은 누구의 것인가를 알 수 있는 정도의 공개된 예명(藝名), 호(號), 자(字)를 쓸 수 있다(예를 들면 추사 김정희, 앙드레김 김복남 등).

⑦ 외국어, 약자, 속기문자도 된다.

⑧ 날인에 고무도장은 사용할 수 없으며, 아직 점자는 사용할 수 없다.

⑨ 내용의 분량은 제한이 없다.

2) 녹음에 의한 유언

유언자가 유언의 취지, 성명, 연월일을 구술·녹음하고, 이에 참여한 증인 두 명이 유언의 정확성과 그 성명을 구술·녹음함으로써 성립된다.

① 녹음기를 사용하여 유언의 내용과 주소, 연월일, 성명을 녹음한다.

② 증인 두 명이 유언의 정확함을 녹음 증언하고, 성명, 주소, 연월일을 함께 녹음한다.

③ 유가족은 유언자 사후에 자필증서로 된 유언서나 녹음테이프를 발견 즉시 상속 개시지(유언자의 최후 주소지)를 관할하는 법원에 제출하여 검인을 청구할 수 있다.

④ 녹음은 오디오 녹음, 비디오 녹음 모두 유효하다.

⑤ 봉인이 있는 유언서라면 개봉과 검인의 신청을, 봉인이 되어 있지 않으면 검인을 신청한다. 이는 위조, 변조를 방지하고 그 보존을 확실히 하기 위한 절차에 불과하므로, 유언의 효력이 검인이나 개봉 절차의 유무에 의하여 효력에 영향을 받지는 않는다(대법원 1998. 5. 29 선고 97다38503 판결).

3) 공정증서에 의한 유언

공정증서에 의한 유언은 증인 2인의 참여 하에 유언자가 공증인의 면전에서 유언의 취지를 구술하고, 공증인이 이를 필기한 후 낭독하여, 유언자와 증인이 그 정확함을 승인한 다음에, 각자 서명 또는 기명날인함으로써 성립한다.

① 공증인 또는 변호사 앞에서 성인 증인 두 명의 입회 하에 유언자가 유언의 내용을 말한다.

② 공증인이 받아쓴다(반드시 모국어로).

③ 유언자와 증인 앞에서 낭독한다.

④ 유언자와 증인이 모두 그 필기한 것이 유언자가 말한 내용과 일치하는가를 확인한 뒤 각자 성명, 주소, 연월일, 날인을 한다.

⑤ 공증인이 공증인 사무소가 아닌 곳으로 출장하여 유언을 받아도 된다.

⑥ 2부를 작성하여 공증인 측과 본인이 1부씩 보관한다.

4) 비밀증서에 의한 유언

자기 생전에 비밀로 해두고 싶은 경우에, 유언자가 직접 또는 대리인을 통해 자필증서와 동일한 방식으로 작성, 엄봉하고 그 표면에 2인 이상 증인의 서명 또는 기명날인을 받은 다음 5일 이내에 공증인 또는 법원 서기의 확정일자 인을 받아두어야 한다.

① 유언의 내용을 생전에는 비밀로 해두고 싶은 경우에 유언자가 내용을 직접 쓰거나, 대리인을 통해 유언의 내용을 쓴다.

② 그 쓴 사람의 성명을 기입한 증서에 주소, 연월일, 서명, 날인한다.

③ 봉투에 넣어 엄봉날인한다.

④ 봉서의 표면에 연월일을 쓴다.

⑤ 두 사람 이상의 증인에게 제출하여 자기의 유언서임을 표시하고,

⑥ 유언자와 증인이 함께 봉투 표면에 성명, 주소, 연월일, 날인한다.

⑦ 작성 후 5일 이내에 공증인 또는 가정법원에서 확정일자를 받아야 한다.

⑧ 만일 비밀증서로서 흠결이 있을 경우에 '자필증서 유언장'으로 유효할 수 있다.

5) 구수증서에 의한 유언(대필)

질병이나 급박한 사정으로 다른 방법에 의한 유언을 할 수 없을 때는 구수증서에 의한 유언을 하는 것이 좋다. 이 방식은 성인 두 사람 이상의 증인이 입회한 가운데 그중 한 사람에게 유언 취지를 이야기해 주면, 그 사람이 이를 받아쓴 뒤 낭독하여 유언자와 나머지 증인이 그 정확함을 승인한 후에 각자 서명 또는 기명날인하면 된다(민법 제1070조).

다만, 유언서의 요건을 모두 갖추었다 해도 '급박한 상황'의 사정과 현상 여하에 따라서 무효가 되었던 판례도 있다.

3. 유언장의 기재 내용

사망자가 생전에 남기고 싶은 뜻이라면 어떠한 내용도 '유언 절대자유'의 대전제 원칙에 따라 유언의 내용이 될 수 있으나, 사망과 동시에 일정한 법률 효과를 발생시키는 것이므로 그 내용 중 사상, 애정, 애국, 신앙, 충고 등 도덕적인 의미를 가진 유훈이나 유지 같은 것은 민법상의 유언으로 볼 수 없으므로 그것은 법적 효력을 갖지 못한다.

따라서 유언으로 할 수 있는 사항은 법률에서 인정된 일정한 내용에 한한다. 내용은 다음과 같다.

1) 재단 법인의 설립(민법 제47조 2항).

2) 인지(입적)(민법 제859조 2항).

3) 친생 부인(민법 제850조).

4) 후견인 지정(민법 제931조).

5) 상속재산의 분할 방법 지정 또는 위탁(민법 제1012조).

6) 상속재산 분할 금지(5년 이내)(민법 제1012조).

7) 유언집행자의 지정 또는 위탁(민법 제1093조).

8) 신탁(신탁법 제2조).

9) 유증: 유언을 통해 재산을 가족 또는 제3자에게 포괄적으로 또는 특정해서 지정하여 줄 수 있다.

4. 증인의 결격사유

1) 미성년자, 금치산자와 한정치산자.

2) 상속인.

3) 유언에 의하여 이익을 받을 자 또는 그 배우자와 직계혈족(존비속 포함).

4) 만약 증인이 될 수 없는 사람이 증인으로 참여한 경우에는 유언 전체가 무효 처리된다.

5) 유언 집행자라 하더라도 증인 요건을 충족시키면 증인이 될 수 있다.

살아 있는 존재는 모두 죽는다. 하지만 대개 죽음은 갑작스럽게 찾아오는 사건이라서, 막상 개인이 죽음이라는 경험에 맞닥뜨리게 되면 당황스러움과 두려움에 휩싸이게 된다. 특히 죽음은 단지 죽음에 이르는 당사자만이 아니라 살아서 남아 있는 자들의 문제이기도 하다. 거기에는 관계의 상실에 따른 슬픔도 있으려니와 현실적으로는 망인이 남기고 간 것들의 사후 처리에 관한 복잡한 문제들까지 포함되어 있다. 그런 까닭에 죽음은 곧 삶에 관한 것이기도 하다. 따라서 죽음을 준비하는 것이야말로 살아 있는 자들의 당연한 의무일 것이다. 특히 유산 문제에 대해서는 반드시 명확하게 정리를 해두어야 한다.

'유언'은 바로 이 죽음에 대한 근본적인 준비다.

제3장 유류분 제도

유언에 의하여 재산을 상속하는 경우, 피상속인의 의사가 지나치게 감정에

치우치게 되면, 여러 사람의 상속인 중 한 사람에게만 재산을 상속하거나, 타인에게 전 재산을 유증함으로써 사회적으로 바람직하지 못한 상황이 발생할 수 있다. 그래서 민법에서는 각 상속인이 최소한도로 받을 수 있는 상속분을 법으로 정하고 있는데, 이를 유류분(遺留分)이라고 한다.

상속권 있는 상속인의 유류분은 다음과 같다.

∘ 피상속인의 배우자 및 직계비속: 법정상속분의 1/2
∘ 피상속인의 직계존속 및 형제자매: 법정상속분의 1/3

1) 빚의 전액을 뺀 나머지를 가지고 유류분 산정하는 방법.

유류분의 계산은 피상속인이 사망할 당시 가지고 있던 재산에, 사망하기 전 1년 이내에 기증한 재산의 가액을 더한 것에서 피상속인이 진 빚의 전액을 뺀 나머지를 가지고 법정상속분의 비율에 따라 계산한다(민법 제1113조).

2) 첩과 그 소생에게 상속된 재산 중에서 유류분 부족분을 도로 찾을 수 있다.

3) 증여받은 재산이라도 유류분 관리자에게 부족분을 반환해야 한다.

4) 유류분 반환청구는 언제까지 해야 하나?

상속 사실을 안 날로부터 1년 이내, 상속이 개시된 날(사망한 날)로부터 10년 이내에 청구할 권리가 있다.

Ⅳ. 장사 등에 관한 법률 시행령 (약칭: 장사법시행령)

매장·화장 및 개장의 방법 등

법 제9조 제2항에 따른 매장·화장 및 개장의 방법과 기준은 다음 각호와 같다(개정 2015. 7. 20).

1) 매장

① 시신 또는 화장하지 아니한 유골은 위생적으로 처리해야 하며, 매장 깊이는 지면으로부터 1m 이상이어야 한다.

② 화장한 유골을 매장하는 경우 매장 깊이는 지면으로부터 30㎝ 이상이어야 한다.

2) 화장

① 시신 또는 화장하지 아니한 유골은 공중위생에 해를 끼치지 아니하도록 완전히 태워야 한다.

② 화장할 때 관 속에는 화학합성섬유, 비닐제품 등 환경오염 발생물질 및 화장로의 작동오류나 폭발 위험의 원인이 되는 물질(휴대전화, 심박조율기, 병 등의 금속·유리·탄소제품을 포함한다)을 넣어서는 아니된다.

3) 개장

제1호에 따른 매장과 제2호에 따른 화장의 방법과 기준을 따르되, 개장(改葬)으로 인한 종전의 분묘는 시신 또는 유골을 처리한 후 묻어야 한다.

자연장의 방법과 용기 기준

1) 법 제10조 제3항에 따른 자연장의 방법은 다음 각 호와 같다.

① 지면으로부터 30㎝ 이상의 깊이에 화장한 유골의 골분(骨粉)을 묻되, 용기를 사용하지 아니하는 경우에는 흙과 섞어서 묻어야 한다.

② 화장한 유골의 골분, 흙, 용기 외의 유품(遺品) 등을 함께 묻어서는 아니된다.

2) 법 제10조 제3항에 따라 자연장에 사용하는 용기의 재질은 다음 각 호의 어느 하나에 해당하는 것이어야 한다(개정 2015. 7. 20).

① 「자원의 절약과 재활용 촉진에 관한 법률」 제2조 제16호에 따른 생분해성수지제품

② 전분 등 천연소재로서 생화학적으로 분해가 가능한 것.

무연고 시신 등의 처리

1) 법 제12조 제1항에 따른 무연고 시신 등에 대한 매장 또는 봉안의 기간은 5년으로 한다. 다만, 국가 또는 사회에 공헌했다고 인정되는 사람에 대해서는 특별자치시·특별자치도·시·군·구(자치구를 말한다)의 조례로 정하는 바에 따라 5년을 초과하여 봉안할 수 있다(개정 2015. 7. 20, 2017. 12. 29, 2020. 1. 7).

2) 시장 등은 제1항에 따른 매장 또는 봉안의 기간이 끝났을 때는 매장 또는 봉안이 되었던 유골을 화장(이미 화장된 유골은 제외한다)하여 장사시설 내 화장한 유골을 뿌릴 수 있는 시설에 뿌리거나 자연장해야 한다.

이상으로 죽음과 관련된 일부 법에 대해 간략히 살펴보았다. 산업화와 핵가족, 물질주의의 팽배는 가족관계의 유대를 심각하게 훼손하고 점점 더 공동체 결속에 부정적인 영향을 미치고 있다. 더구나 수명 연장과 늘어나는 유병장수의 기간, 그리고 그에 따른 부양과 간병으로 인한 경제적 부담은 이에 한 몫을 더하고, 상속과 유언 등 가족 간 분쟁과 갈등의 골은 현대 사회가 안고 가야 할 심각한 문제가 되고 있다.

2023년 10월 4일자 <여성경제신문>에 따르면 상속 재산을 두고 가족 간에 법정 소송을 벌이는 사례가 최근 10년 사이 60% 가까이 늘어난 것으로 확인되었다. 2022년 상속사건은 4만6,496건으로 10년 동안 집안싸움 1위 원인이었던 이혼소송 건수보다 더 많았다.

유일한 대안은 법적으로 인정받을 수 있는 '유언장'을 미리 작성하는 것인데, 실제로 보건복지부가 지난 2020년 발표한 노인실태조사를 보면 '노인의 죽음 준비 실태' 항목에서 '죽기 전 준비하는 항목'에 유서를 작성한다고 답한 노인은 전체 중 4.2%에 불과, 비슷한 항목인 '상속재산 처리 논의'를 한다고 답변한 사례도 12.5%뿐이었다. 반면 장례 절차를 준비한다고 답한 노인은 77%를 차지했다. 상속사건 중 세부 분쟁으로는 '부동산 다툼'이 가장 많았다.

법원 관계자는 "미국이나 일본 등 선진국의 경우에는 상속소송이 올라오더라도 그 내용에 사망자의 유언이나 유서가 증거로 제출되는 경우가 대부분이라 해결 과정이 비교적 쉬운 편"이지만, "국내 사례의 경우는 대부분 사망자가 '떠날 준비'를 하는 과정에서 유언이나 유서 작성보다는 묏자리를 보는 등의 장례 절차에 신경을 쓰는 경우가 많다"고 설명했다. 죽음은 언제든 어디서든 일어날 수 있고, 죽음으로 인한 분쟁과 갈등은 곧 나의 문제가 될 수 있으며, 내 가족의 문제임을 잘 인식하고 준비하는 것이 아름다운 마무리를 위한 출발점이 되지 않을까 생각한다. 통계청에 따르면 2023년 65세 이상 고령인구는 950만 명이며, 사전연명의료의향서 등록은 2023년 8월 말 기준 194만1,231건 등록인 것을 보았을 때, 삶과 죽음의 문제에 있어서 우리는 아직 생각해야 할 점이 많은 것으로 파악되었다.

ᛸ 죽음 준비에 대해 생각해 봅시다

1. 상속과 유언에 대한 준비는 얼마나 중요한가?

2. 상속 분쟁 사례와 모범적인 상속 사례에 대해 이야기를 나눠봅시다.

3. 부모님의 유언장에서 가장 읽고 싶은 문장이 있다면?

4. 연명의료결정법(자기결정권)과 좋은 죽음에 대한 당신의 생각은?

5. 자신의 장례에 대한 구체적인 준비를 미리 하는 것에 대한 생각은 어떠한가? 구체적인 준비에는 무엇이 있을까?

06 임종과 상장례

김경희

    인간은 태어나면서부터 죽음을 향해 치닫는 존재로서 모든 인간은 죽음의 선고 유예 상태이며, 인간이 육체를 가지는 순간 죽음은 이미 예견된 것이다. '생의 마지막을 어떻게 마무리하는가?'라는 문제는 선사시대부터 인류의 중요한 문화가 되었다. 죽음에 관한 의례는 해당 문화의 죽음에 관한 생각뿐만 아니라 삶의 철학과 방향이 담겨 있다.

    상례는 죽음처리 과정에서 행해지는 의례 전체를 일컫는 말이다. 즉 초종(初終)에서부터 탈상(脫喪)까지 진행되는 의식 전체를 말하는 것이다. 반면 장례는 상례의 부분 개념으로 죽은 사람을 땅에 묻는 예식이다. 그러므로 상장례는 임종 후 죽음을 수용하고 주검을 추스르고 죽음을 마음에 담는 행위 전체를 이르는 말이다. 상장례는 죽음에 관한 의례로서 죽음을 겪는 개인과 공동체 전체의 삶과 죽음의 의미를 축조하는 틀이라고 할 수 있다. 인간의 삶에서 죽음은 필연적인 현상이며 죽음을 처리하는 죽음의례 역시 불가피한 삶의 문제 중 하나다. 죽음은 육체적 죽음으로만 자기 완결성을 갖지는 못한다. 상장례로 대표되는 사회·문화적 죽음의례를 통해서 비로소 하나의 죽음으로 자리잡는다.

이러한 죽음의례의 역할은 삶의 자리에서 죽음을 지우는 것이 아니라, 죽음에 대해 나름의 위치와 정체성을 부여하는 것이다. 살아 있는 사람들은 죽음의례를 통해 죽음을 매듭짓는다. 따라서 죽음의례를 통과하지 못한 죽음은 불완전하고 위험한 죽음이다. 정당한 죽음의례를 거치지 못하고 버려진 죽은 자에 대한 연민과 두려움은 죽음의례를 통해 죽음이 매듭지어지지 못한 데서 발생한다.

"당신이 죽은 뒤 장례식을 치르지 못해 내 삶이 장례식이 되었습니다."

한강, 『소년이 온다』

이 구절은 죽음의례에 관해 여러 가지 생각거리를 던져주는 문장으로 기억하고 있다. 작가가 말하고자 하는 바가 이 문장에 집약되었다는 느낌을 강하게 받았다. '당신이 죽은 뒤 장례식을 치르지 못했다'라는 말은 장례가 주검을 처리하는 행위 이외에 다른 의미가 있음을 전제하고 있다. 이 책에서 장례를 치르지 못했다는 말은 죽은 자의 영혼을 본래의 자리로 돌려보내지 못했다는 뜻이며, 동시에 산 자들도 죽은 자와 작별하지 못했다는 뜻으로 읽힌다. 그래서 산 자들은 장례식 같은 삶을 살 수밖에 없다는 호소를 담고 있다. 이런 의미에서 장례는 죽은 자를 위한 의례이면서 동시에 산 자를 위한 것이다. 또한 한 개인의 죽음은 개인을 넘어 가족, 사회, 공동체와 깊은 연관이 있다는 뜻이다. 이 책은 광주민주화운동 당시 도청에 들어갔다가 살아남은 자들의 삶을 다루고 있다. 당시 죽어간 사람들의 억울함과 원통함이 풀리지 않았으며 그들의 죽음이 사회적으로 제대로 평가받지 못했다는 의미다. 그들과 뜻을 함께 했으며 그들의 죽음을 가까이에서 지켜봤던 사람들의 외침이다.

현대에는 장례를 치르지 못하는 죽음이 많아지고 있다. 진실 규명이 되지 않는 사회적 죽음, 재난으로 인한 죽음, 외인사, 의문사, 주검을 찾을 수 없는 경우 등은 정당한 죽음의례를 거치지 못하고 죽음의례를 통해 죽음을 매듭짓지 못한다. 산 자들 역시 온전하게 자신의 삶을 꾸려나가기 힘들다. 이처럼 한 개인의 죽음은 상장례로 대표되는 죽음의례를 통해 비로소 하나의 죽음으로 자리를 잡는다.

Ⅰ. 상장례 문화의 어원

우리나라는 한자 문화권인 만큼 상장례 문화에 관련된 어원을 살펴본다면 죽음의례의 배경을 이해할 수 있을 것이다. 우리나라 전통적 상장례 문화에서 무덤에 시신을 매장하는 형태는 가장 오래된 양식이므로 무덤 관련 한자를 많이 쓰고 있다. 사(死), 장(葬), 조(弔), 묘(墓), 분(墳)이 대표적이다.

사(死)는 歹(부서진 뼈 알)과 人(사람 인)으로 구성된 글자로 시신 앞에 무릎을 꿇고 앉은 사람의 모습으로 죽음을 뜻하는 글자다. 장(葬)은 艸(풀 초), 死(죽을 사), 土(흙 토)가 합쳐진 글자로 시신을 땅이나 널빤지 위에 놓고 위아래를 풀섶으로 덮어놓은 모습으로 최초의 장례문화를 엿볼 수 있는 글자다. 조(弔)는 弓(활 궁)과 人(사람 인)으로 구성된 글자로 시신을 풀섶으로 덮어놓고 들짐승이 시신을 파헤치지 못하게 활을 들고 지키는 모양이다. 근래에는 근조(謹弔), 근조기(謹弔旗), 근조화환(謹弔花環), 근조(謹弔) 리본 등이 많이 쓰이고 있다. 묘(墓)는 土(흙 토)와 莫(없을 막, 어두울 막, 조용할 막)으로 구성된 단어로 죽은 사람을 흙으로 덮고 풀덤불로 흔적 없이 감춘 무덤을 의미하며, 이는 평장(平葬)의 형태다. 그러나 시간이 흐르면서 무덤을 찾기 어렵고 짐승이 무덤을 파헤치는 경우가 있어 시신을 보호하기가 어려웠기 때문에, 높게 봉분을 한 무덤이 등장한다. 분(墳)은 土(흙 토)와 賁(클 분)이 합쳐진 글자로 높게 봉분을 한 무덤의 형태다. 다시 현재에는 매장을 하는 가족공동묘지에서 높은 봉분 대신 평장을 하는 경우가 많아지고 있다.

다음으로 죽음을 의미하는 한자어는 사(死), 종(終), 상(喪) 등이 있다. 우선 사(死)는 흔히 육신이 죽어 썩는 것을 의미하는 말이며, 종(終)은 사람 노릇이 끝났음을 의미하는 말이다. 이는 사회적 존재로 살았던 사람이 그 역할을 마쳤다는 뜻이다. 이러한 사(死), 종(終)을 모두 포괄하고 아우르면서 '없어진다'는 의미로 활용되어 사용된 용어가 바로 상(喪)이다. 현대에도 상례(喪禮), 상복(喪服), 상주(喪主), 상(喪)을 치르다, 상중(喪中)이라는 말을 많이 쓰고 있다. 이렇게 무덤과 죽음을 의미하는 단어들이 세분되었다는 것은 그만큼 우리 문화가 죽음과 관련된 사유가 깊었다는 뜻이다.

II. 전통적인 상장례의 사회적 기능

전통적인 상장례의 사회적 기능은 시신처리 기능, 죽음에 대한 두려움을 극복하는 기능, 죽음에 대한 사회적 확인 기능, 죽음준비 교육의 기능 등으로 요약할 수 있다.

먼저 시신처리 기능은 고인의 시신을 위생적으로 처리하는 일이다. 그리고 이를 통해 가정과 사회는 안녕과 질서를 유지하고 건강한 일상생활을 유지해 나갈 수 있게 된다. 이는 현대 사회에서 가장 중요시되는 상장례의 기능이다. 근래에 죽음의 장소가 병원으로, 장례의 공간이 장례식장으로 바뀌면서 장례는 시신을 처리하는 기능만 강조되는 경향이 있다. 특히 메르스, 코로나 등 전염성이 강한 질병이 창궐한 시기에는 더욱 그러하다. 장례가 시신처리 기능만을 강조하는 경우는 산 자들의 슬픔과 상실감은 존중받지 못하고 죽음을 삶으로 통합하고 죽음을 통해 삶을 성찰하는 기회가 박탈될 수 있다.

상장례의 두 번째 기능은 죽음이나 죽은 자에 대한 두려움을 극복하는 기능이다. 고인의 영혼을 위로하고 추모함으로써 살아 있는 사람들이 심리적 안정감과 편안함을 획득하는 것이다. 이는 전통적인 생사관에서 죽음은 육체적인 죽음으로 한정하지 않는다는 것을 알 수 있다. 죽음이 육체적인 문제로 한정된다면 고인의 영혼을 위로하고 추모하는 행위는 불필요할 수 있다. 전통적 상장례 문화에서는 고인의 영혼을 위로하는 의례를 중요하게 여겨왔다.

상장례의 세 번째 기능은 한 개인의 죽음에 대한 사회적 확인 기능이다. 이는 인간의 죽음이 단지 한 개인의 육체소멸로 끝나지 않고 사회적으로 의미 있는 죽음이 되도록 하면서, 죽음을 사회적으로 확인하는 과정을 뜻한다. 인간은 개별적 존재가 아닌 사회적 존재로 살아가다가 생을 마감하게 된다. 한 개인의 죽음은 그와 관계를 맺고 있는 가족과 지인, 지역공동체, 사회에 어떤 식으로든 영향을 미친다. 상장례는 한 개인의 죽음을 사회적으로 공인하는 기능이 있으며, 이를 통해 개인의 사회적 역할이 종결되었음을 확인하는 것이다.

상장례의 네 번째 기능은 죽음과 삶에 대한 사회적 교육 기능이다. 상장례는 살아남은 사람들에게 삶의 의미를 다시 한 번 일깨우는 성찰의 시간이 되기도 한다. 죽음을 간접적으로 체험함으로써 자신의 과거와 현재의 삶을 돌아보고 미래의 삶을 기획하는 시간이 된다. 하이데거에 의하면 죽음은 인간에게 허용된 역설적 축복이다. 인간은 잡담, 애매모호함 속에 파묻혀 살고 있기에 자신의 존재 의미를 찾지 못한다. 그러나 인간은 앞서 달려가 죽음을 봄으로써 인간이란 존재자가 철저히 무화(無化)되는 것을 경험한다. 그리고 인간은 현재로 귀환하여 다시금 자신의 역사를 새롭게 쓰게 된다. 인간이 죽음을 인식하는 것은 가족이나 가까운 사람들의 죽음을 보거나 그렇지 않으면 자신이 불치의 병에 걸렸을 경우이다. 상장례는 타인의 죽음을 통해 자신의 삶을 바르게 세우는 계기가 마련되기도 한다.

Ⅲ. 우리나라 전통 상장례의 특징

상장례는 해당 문화권의 문화적, 지리적 배경과 믿음 체계에 의해 꾸준히 변화하는 양상을 보인다. 이런 이유로 상장례는 문화로 수용되며, 그 문화 안에는 당대 사람들의 생과 사에 대한 의식이 투영되어 있다. 우리 문화는 토테미즘과 애니미즘에 기반을 둔 무속신앙과 깊은 관련이 있다. 무속의례는 많이 사라졌지만, 우리들의 무의식에는 무속신앙에 기반한 생사관이 뿌리 깊이 박혀 있다. 무속신앙에 기반을 둔 생사관은 문학, 영화, 드라마를 통해 전승되고 있다.

불교는 삼국시대에 한반도에 유입된 종교로 기존의 무속신앙과 융합되면서 토착화되는 경향을 보였다. 특히 염라대왕으로 대변되는 지옥 시왕(十王)의 재판은 현대에도 문화적 상상력의 보고(寶庫)가 되고 있다. 이후 조선은 통치 이념으로 유교를 선택하면서 성리학에 기반을 둔 상장례 문화가 도입된다. 조상을 중시하는 유교의 전통은 현대 상장례 문화의 근간이 되며, 특히 상장례의 절차와 형식에서 유교의 전통이 강하게 남아 있다.

1. 무속 상장례

무속신앙에서는 죽은 자를 죽은 자의 세계인 저승으로 보내는 데 관심이 많다. 죽음 이후에 죽은 자의 영혼이 어떤 상태인지에 대해 질문을 던진다. 무속에서 죽음은 존재의 소멸이 아닌 존재의 변화, 즉 새로운 존재로 다시 태어나는 과정으로 인식한다. 즉 이승의 존재가 죽음을 통해 저승의 존재로 다시 태어날 수 있게 도움을 준다. 죽은 자의 존재 변화는 이승의 미련, 억울함, 한스러움을 풀어내야만 가능하다. 죽은 자의 영혼이 한을 품거나 이승에 미련이 많으면 죽은 자의 세계인 저승으로 떠나지 못하고 이승에 머물게 된다. 이승에 머무는 원혼은 산 자들에게 질병, 우환, 불행 등을 가져다주면서 그들의 삶에 개입한다. 그러므로 무속에서는 원한을 가진 영혼이 원통함을 풀어주는 굿판을 벌이는 것이다. 씻김굿, 귀양풀이, 오구풀이, 시왕맞이 등이 원통한 영혼을 위로하고 저승으로 보내는 의례다. 계모에게 억울하게 죽임을 당한 '장화홍련'이 저승으로 떠나지 못하고, 원혼이 되어 밤마다 지방관리를 찾아오는 이야기는 무속의 생사관을 반영한 것이라고 할 수 있다. 장화와 홍련은 가슴에 맺힌 원한을 풀기 위해 사또의 꿈에 나타난 것이다. 이러한 신원(伸冤) 상상력은 우리 문화 깊숙이 자리잡고 있다.

무속의 죽음의례에서 중요한 요소는 '죽은 자와 산 자의 대화'이다. 죽은 자의 원한과 미련은 산 자들에게 말하기를 통해 전달된다. 생전의 안타까움, 미련, 섭섭함 등 죽은 자가 다 못한 이야기는 무당을 통해 산 자들에게 전달된다. 죽은 자는 무당의 목소리를 통해 자신의 다 못한 이야기를 하고, 산 자들은 죽은 자의 이야기를 듣게 된다. 이러한 소통 과정은 죽은 자와 산 자가 서로 용서하고 화해하는 시간이다. 이야기를 통해 자신의 마음을 드러내고 맺힌 마음을 푸는 과정을 거쳐, 죽은 자는 이승에 맺힌 마음을 풀고 자신의 자리로 돌아가게 된다. 이러한 소통 과정에서 산 자들 역시 고인에 대한 미안함, 죄책감, 후회감 등을 풀어내어 죽은 자와 진정한 작별을 할 수 있다. 이러한 무속의 죽음의례는 젊어서 죽거나 사고로 비명횡사하거나 원인을 모르는 죽음의 경우 더 많이 행해진다.

이러한 무속 죽음의례를 이해하기 위해서는 우리 신화 '바리데기'를 참고할 필요가 있다. 바리데기는 한국의 민간 신화 가운데 가장 많이 알려진 이야기로 동화, 소설, 춤극, 뮤지컬 등 다양한 콘텐츠로 재구성되어 전승되고 있다. 바리는 무당들의 신이고 죽은 자의 넋들의 신이다. 세상을 떠난 영혼을 저승으로 고이 천도하는 것이 그의 임무이다. 누군가 죽어 저승으로 떠날 때 사람들이 찾는 신이 바리데기이며, 바리데기는 죽은 이의 손을 잡고 이승에서의 미련과 한스러움을 씻어주고 편안하게 저승길을 가게 도와준다. 바리데기가 어떻게 이런 역할을 하게 되었는지 바리데기의 이야기를 간략히 정리해 보도록 하겠다.

불라국 임금인 오구대왕은 길대부인와 혼인하였다. 이들 사이에 칠공주가 태어났으니, 일곱째 공주가 바리였다. 아들을 원했던 왕은 바리를 버렸고, 바리는 산신령에 의해 키워졌다. 세월이 흘러 오구대왕은 죽을병에 걸렸고, 서천서역국 약수를 구해와야 병을 고칠 수 있다는 말을 듣는다. 궁궐에서 살았던 여섯 명의 공주들은 이런저런 핑계로 약수 구하는 일을 거부한다. 이에 길대부인은 어린 시절 궁 밖으로 버렸던 바리를 찾아가서 아버지 소식을 알린다. 열다섯 살이 된 바리는 아버지를 살릴 약수를 구하기 위해 서천서역국으로 떠난다. 바리는 백발노인의 밭을 갈고, 할머니의 빨래를 빨고, 동수자를 만나 아들 삼형제를 낳은 후에야 서천서역국에 닿을 수 있었고 그곳에서 약수를 구하여 아버지의 생명을 살리게 된다. 이후 바리는 오귀(誤鬼), 즉 잘못 죽은 귀신들의 오구풀이를 하여 왕생극락을 인도하였다. 서럽게 이 세상을 떠난 사람들의 넋을 좋은 곳으로 고이고이 인도하게 되었다.

이 신화는 바리가 죽은 사람의 넋을 인도하는 신이 된 내력담이라고 할 수 있다. 그리고 이 신화를 통해 삶과 죽음에 대한 무속신앙의 세계관을 엿볼 수 있다. 바리가 약수를 찾기 위해 간 곳은 서천서역국인데, 이곳은 죽은 자들이 가는 곳이다. 바리는 서천서역국으로 가는 동안 온갖 고생을 한다. 밭갈기, 빨래하기, 동수자와 혼인하기를 거치면서 서천서역국에 도착한다. 이는 아마도 저승길이 멀고 험하다는 뜻으로 해석할 수 있으며, 그래도 이승의 끝, 어딘가에는 저승이 있다는 것을 알려준다. 무속에서는 이승과 저승의 경계가 명확하지가 않다. 이승과 저승은 어렵기는 하지만 넘나들 수 있으며, 저승에서 이승의 문제를 해결할 해결책을 가져올 수도 있다는 의미를 담고 있다. 즉, 죽음을 구제할 수 있는 생명수를 저승에서 구한 것이다. 결국 저승에 다녀온 바리는 잘못 죽은 귀신, 즉 비명횡사했거나 억울하게 죽었거나 이승에서 미련이 많이 남은 영혼을 위로하고 저승길을 인도하는 신이 되었다. 그래서 무속의 죽음의례에서는 바리를 불러 세상에서 버림받고 원한이 많은 가엾은 넋들을 인도하도록 빌고 부탁하는 것이다.

이처럼 무속신앙에서는 죽은 자를 죽은 자의 세계로 보내는 일에 관심이 있다. 죽음은 존재의 소멸이 아니라 존재의 변화, 즉 새로운 존재로 다시 태어남으로 인식한다. 바리는 새로운 존재로 다시 태어날 수 있게 도와주는 역할을 수행하는 셈이다. 저승의 존재인 죽은 자들은 무속의례와 유교의 제사를 통해 이승과 소통하며 살아 있는 사람들의 삶에 영향을 미치고 있다.

'호텔 델루나'는 무속신앙의 생사관을 반영한 드라마다. '호텔 델루나'는 저승으로 떠나기 어려운 영혼들이 투숙하는 호텔인데, 이곳에 머물면서 이승에서의 일들을 해결하고 이승에서 있었던 원한과 미련 등을 해소한다. 죽은 넋들의 해원(解冤) 작업이 끝나면 저승으로 떠나게 된다. 이승과 저승의 중간 지점에 이 호텔이 있다는 설정이다. 흥미로운 상상력이다.

이처럼 무속신앙은 이승과 저승이 서로 구분되지 않고 하나로 연결되어 있어서, 이승에서의 삶이 끝나면 저승으로 가서 새로운 존재로 삶이 지속된다고 믿는다. 이를 계세적 세계관이라고 한다.

2. 불교 상장례

불교의 상장례는 윤회적 세계관을 반영한다. 저승은 육도윤회(지옥, 아귀, 축생, 수라, 인간, 천상)의 세계이며, 죽은 뒤에 어느 곳으로 갈지는 이승에서의 삶의 실적과 업보에 따라 결정된다. 물론 육도윤회를 벗어나는 해탈의 길도 있다.

산사의 스님들이 입적했을 때 행하는 다비(茶毘)의례는 스님이 성불할 수 있는 마지막 기회이며 가르침이다. 죽음에 관련된 전통적인 표현은 '죽었다', '돌아갔다', 또는 '사망했다', '운명했다'라고 한다. 기독교에서는 '소천(召天)했다'라는 말을 쓴다. 이는 하느님께서 부르신다는 뜻으로 죽음을 가리키는 말이다. 한편 불교에서는 '입적(入寂)', '열반(涅槃)'이라는 말을 쓴다. 이는 원래의 자리, 즉 고요한 곳으로 되돌아간다는 의미다. 스님이 입적했을 때 산사에서 행해지는 장례의식인 다비의례는 연화대에서 법구를 태우는 의례다. 연화대를 태우는 불은 탐·진·치(욕심·분노심·어리석음)의 삼독(三毒)을 태우는 삼매의 불이며, 탐·진·치를 모두 여의면 부처가 된다. 그러므로 연화대의 불은 부처에 이르는 삼매의 불이며, 다비는 성불할 수 있는 마지막 기회이며 가르침인 셈이다. 그러므로 한국 사찰에서의 죽음의례는 슬픔보다는 장엄하고 엄숙한 의례라고 할 수 있다. 연화대를 태운 불꽃은 4~5시간 동안 지속되며 이후에는 습골(흩어진 뼈를 줍기), 분쇄(뼈를 가루내기), 산골(뼛가루를 뿌리기)의 절차를 거친다.

다비의례가 스님들의 죽음의례라고 하면 일반 대중들은 고인의 명복을 빌고 영가로 하여금 악도(惡道)를 놓고 선도(善道)로 진급하도록 기원하는 천도재인 49재를 지낸다. 악도는 악업(惡業)을 지어서 죽은 뒤에 가야 하는 괴로움의 세계로 지옥도, 아귀도, 축생도, 수라도다. 불가에서는 죽은 후 7일 만에 초재를 지내고 2재에서 6재를 거쳐 마지막 7재인 49일 종재를 지낸다. 이는 사람이 죽은 뒤 다음 생을 받기까지 중유(中有)에 머무는 기간이 49일이기 때문이다. 즉 사람이 죽은 뒤 다음 생을 받을 때까지가 49일이며, 이 동안에 다음 삶에서의 과보가 결정된다고 한다. 이때 죽은 사람은 사후세계를 관장하는 지옥십왕에게 이승에서의 삶에 대해 재판을 받게 된다. 그중 우리에게 가장 잘 알려진 지옥왕이 염라대왕이다.

일곱 번의 재판을 받는 동안 이승에서는 49일 동안 7재를 올리면서 영가의 극락왕생을 비는 의례를 지낸다. 이승에서 극악무도한 죄를 지은 영가는 재판 과정도 생략하고 즉결처분되는데, 이때 가는 곳이 무간지옥이다. 보통의 삶을 살았던 사람들은 일곱 번의 재판으로 다음 생이 결정되지만, 좀 더 무거운 죄를 지은 사람은 세 번의 지옥재판을 더 받는다. 여덟 번째 재판은 죽은 뒤 100일째 되는 날에 받게 되는데, 이때 영가를 위한 재는 '백재(百齋)'라고 하며, 아홉 번째 재판은 죽은 뒤 1년이 되는 날이며 이때는 소상(小祥)을 지내고, 열 번째 재판은 사후 2년 뒤에 열리는데 이때는 대상(大祥)을 지낸다.

현재는 49재로 탈상을 하는 경우가 대부분이다. 천주교의 연도기도가 이와 비슷한 개념이라고 할 수 있다.

이러한 윤회적 세계관을 바탕으로 만들어진 콘텐츠가 '신과 함께'다. 웹툰에서 영화로 재구성되어 죽음 이후에 저승에서 일어나는 지옥 재판과 윤회에 대한 상상력을 잘 보여준다. 우리나라 전승 신화와 불교의 세계관이 결합하여 전통적인 생사관을 엿볼 수 있는 현대물이다. 이외에도 불가에서는 고인의 넋을 위로하는 다양한 형태의 천도재를 거행하고 있다. 천도재는 죽은 뒤 오래된 경우에 지내기도 하고 업장이 두터워 보이는 영혼에게 수차례 특별 천도재를 지내기도 한다. 이러한 의례를 통해 죽음이란 육체적 죽음으로 끝나는 것이 아니라는 것을 확인할 수 있다. 죽음의례를 통해서 죽음은 완결성을 갖출 수 있다.

3. 유교 상장례

조선 시대에는 유교를 국교로 삼으면서 사대부에서부터 서민에 이르기까지 '주자가례(朱子家禮)'가 관혼상제의 규범이 되었다. 현재 우리나라에서 상례라고 하면 유교식 상례의 절차를 말한다. 유교식 상례는 조선시대부터 현대에 이르기까지 의식과 절차는 간소화되었지만 기본 구조는 그대로 시행되고 있다.

유교식 상장례는 고인을 떠나보내는 사람들의 심경 변화에 따라 크게 3단계로 나눌 수 있다. 1단계는 초종(初終)의식이다. 이는 임종에서 대렴(大殮: 시신을 묶어 관에 안치하기)까지의 과정이다. 이는 애통과 충격의 단계로 갑작스러운 죽음에 대한 충격으로 애통하지만 고인이 다시 소생하기를 바라는 염원이 담겨 있다. 임종 확인 후에 사랑하는 사람이 다시 살아나기를 비는 초혼(招魂)을 한다. 초혼은 사자의 혼백을 불러 유명(幽冥)에서 돌아오기를 바라는 행위로 사자를 귀신에게서 구하는 의식이다. 그리고 복(復)을 세 번 부르는 까닭은 예가 삼(三)에서 오기 때문이다. 한 번은 위를 향해 불러서 혼백이 하늘에서 내려오기를 빌고, 한 번은 아래를 향해 불러서 혼백이 땅에서 돌아오기를 빌고, 마지막으로 북쪽을 향해 불러서 혼이 천지 사방에서 올 것을 빈다. 초혼을 해도 살아나지 않으면 비로소 죽은 것으로 인정한다.

산산이 부서진 이름이여!
허공 중에 헤어진 이름이여!
불러도 주인 없는 이름이여!
부르다가 내가 죽을 이름이여!

심중에 남아 있는 말 한마디는
끝끝내 마저 하지 못했구나
사랑하는 그 사람이여!
사랑하는 그 사람이여!
······ (후략) ······

김소월, '초혼'

'초혼'은 김소월의 시로 어린 시절 같은 동네에서 지냈던 첫사랑 여인의 죽음을 비통해하며 쓴 시로 알려졌다. 사랑하는 여인의 죽음을 애통해하며 산산이 부서져서 허공 중에 헤어진 그의 이름을 목놓아 부르는 시인의 통곡이 들리는 듯하다. 초혼은 죽은 자가 소생하기를 바라는 애달픔이 담겨 있는 의례다.

2단계는 장송(葬送) 의식 단계로 성복(成服: 상주들이 사자를 위한 특별한 옷인 상복을 입는 절차)에서 안장(安葬: 매장 절차)까지의 과정을 이른다. 이때는 죽음을 인정하고 받아들이면서 장송에 정성을 다한다. 죽음은 가족, 친족뿐만 아니라 이웃, 공동체 전체에 애통함과 충격을 준다. 그래서 초상이 나면 장례식장으로 조문(弔問)을 간다. 조문은 조상과 문상이 합쳐진 말이다. 조상(弔喪)은 '죽은 것을 슬퍼하다'라는 뜻으로 죽음을 슬퍼하며 고인에게 인사하는 것이다. 문상(問喪)은 '죽음을 묻는다'라는 뜻으로 상을 당한 상주를 위문하는 것이다. 그러므로 조문은 조상과 문상을 의미하며 상주와 고인에게 예를 표하고 위문의 인사를 하는 것이다.

발인(發靷)은 영구를 상여에 싣고 장지로 떠나는 절차를 말한다. 망자가 집을 나와 장지로 가는 길에 고인과 절친했던 지인, 동료, 친척이 제물을 준비했다가 상여가 지나가면 제를 지낸다. 이를 노제(路祭)라고 하는데, 이는 고인의 생시 행적이 깃든 의미 있는 장소에서 지낸다. 예전에는 마을 어귀나 성문 밖에서 주로 지냈지만, 현대에는 고인의 삶의 터전에서 제사를 지내기도 한다. 그리고 상여가 나갈 때 상장 도구인 만장(輓章)은 고인의 공덕을 애도하여 지은 글을 비단이나 종이 등에 적은 것으로, 만사 또는 만가라고도 하는데 영구를 앞으로 끌고 인도한다고 하여 만장이라고 했다. 사회적으로 덕망이 높거나 학식이 높은 분의 장례에서 만장이 장관을 이루는 것을 볼 수 있다.

3단계는 상제(喪祭) 의식이다. 시신을 묻고 처음으로 지내는 초우제부터 길제까지의 과정을 말하며, 이는 죽음을 내재화하는 단계다. 이제는 일상으로 돌아와서 상례를 마치고 제사를 통해 고인과 소통하는 단계다. 묘를 조성하면서 부르는 노래로는 회다지 노래가 전승되고 있다. 회다지 노래는 흙에 회를 섞어 다진다는 말로, 관을 광중에 안치한 뒤 일꾼들이 흙으로 채우고 봉분을 축조하면서 발로 단단히 밟는 일이다. 이와 같은 회다지 과정은 단순히 나무뿌리, 쥐와 뱀 같은 동물에 의한 광중의 훼손을 방지한다는 실용적 측면만 있는 것은 아니다. 회다지 과정은 지신(地神)이나 산신(山神)에게 고하는 제의적인 의미뿐만 아니라 상주를 위로하고 망자의 극락왕생을 기원하는 의례적인 의미도 있다. 강원도 횡성의 '회다지소리'는 의식요이며 노동요의 하나로 강원도 무형문화재로 지정되었다.

상고매기를 굽어들 주오 / 에이허리 달회야

당상부모 천년수요 / 에이허리 달회야

슬하자손 만세영을 / 에이허리 달회야

수용량이 풍부지요 / 에이허리 달회야

부용량이 무부지라 / 에이허리 달회야

창해유수 흐르는 물은 / 에이허리 달회야

강원도 횡성의 '회다지소리' 사설의 일부

유교의 상장례를 살펴보면 현대에도 유교식 절차와 용어를 많이 사용하고 있는 것을 알 수 있다. 유교식 상장례는 복잡해 보이지만, 상례를 행하는 생자(生子)의 심정 변화에 따라 3단계로 나눠서 생각해 보면 죽음을 받아들이고 수용하는 태도를 짐작할 수 있다. 죽음보다 더 큰 고통과 슬픔은 없을 것이다. 그래서 사랑하는 사람의 죽음이 가까워질수록 그를 살리기 위한 노력을 경주하고 숨을 거두었는데도 차마 그를 보내지 못하고 혼을 부르면서 소생에 대한 기대를 품고 있다. 초혼의식이 끝나면 죽음을 받아들이면서 슬픔 가운데 온 정성을 다해 망자를 보내드리고 제사를 통해 고인과 소통하는 방식을 택하고 있다. 이러한 장례 절차를 따르다 보면 역설적이게도 한 사람의 목숨과 삶이 얼마나 소중하고 존엄한지를 느끼는 계기가 된다.

IV. 남은 문제들

상장례는 해당 문화권이 죽음을 수용하고 주검을 추스르고 죽음에 마음을 담는 행위 전체를 뜻한다. 그리고 죽음의례는 죽음에서 비롯된 주검, 죽음 사건 자체를 겪는 개인과 공동체가 죽음의 의미를 축조하는 틀이다. 의례의 부재는 의미의 부재이며, 죽음의례의 부재는 죽음 의미의 부재로 드러난다. 그러므로 전통적인 상장의례는 현대의 문화에 맞게 방법과 절차가 조정되더라도 의례가 품고 있는 의미를 지켜나가야 한다. 의례의 상실은 의미의 상실로 이어지기 때문이다. 이 시대에 죽음의례를 통해 어떤 의미를 지킬 것인지는 우리들의 몫인 셈이다. 같은 시대를 살았던 사람을 보내는 마지막 순간에 '우리는 무엇을? 어떻게 해야 할 것인가?'에 대한 대답을 해야 한다.

더불어 나의 마지막은 어떻게 할지도 정리해 두어야 한다. 연명치료와 장기기증 같은 의료 문제, 유산 문제, 장례방식과 절차 등 누구에게 사후를 맡길 것인지에 대한 생각을 정리해 둘 필요가 있을 것이다. 나의 마지막을 염두에 두는 것은 우리의 유한성을 인정하고 남은 생을 어떻게 살 것인가에 대한 좀 더 진지한 성찰을 끌어낼 수 있기 때문이다.

ᚙ 나의 장례 계획 세우기

1. 내 장례식 때 _____을 입고 싶다.

2. 내 시신은 _____ 했으면 좋겠다.

3. 비석을 세운다면 비문에는 _____ 라고 적고 싶다.

4. 내 장례식에서 사람들은 (웃었으면 / 울었으면) 좋겠다.

5. 장례식에서는 _____ 음악, _____ 음식, _____ 영상, _____사진을 준비하면 좋겠다.

6. 내 장례에는 _____ 가 왔으면 좋겠다.

7. 내 장례는 _____ 가 치러주면 좋겠다.

3장

돌봄과 애도

07 생애 주기와 생사 교육

이나영

발달은 연령의 증가와 함께 전 생애에 걸쳐 일어나는 모든 변화를 일컫는다. 인간이면 누구나 지적, 신체적, 사회적 영역 외에 전 영역에서 양과 질의 팽창과 쇠퇴를 경험한다. 성장함에 있어 각각의 기능 수준이 향상되면서 발달하다가 원숙의 정점을 돌아 쇠퇴기를 맞으면 기능이 약화되는 것을 일련의 발달 과정이라 한다.

인간의 발달은 연속적 과정에서 개인적으로 분화와 통합의 과정을 걸치기에 발달 속도는 개인적인 차이가 있다. 분화와 통합은 문화 · 사회 속의 규범과 기대, 개인의 생리적 · 심리적 조건, 철학적 · 이상적 이상과 포부, 가치관 등 다양한 영향의 상호작용에 의해 결정된다.

프로이드(Frued)는 심리성적 발달이론으로 구강기 · 항문기 · 남근기 · 잠복기 · 생식기로 분류하여 설명했고, 융(Jung)은 성격발달이론으로 아동기 · 청년기 · 중년기 · 노년기로 분류하여 인간 발달의 이해를 돕고 있다. 특히 에릭슨(Erik Erikson)은 심리 · 사회적 발달이론으로 사회문화적 경험을 강조하고 전 생애에 걸쳐 발생하는 갈등을 성공적으로 대처하면 자아를 올바르게 형성할 수 있게 된다 하였다.

　이 장에서는 에릭슨의 심리·사회적 발달이론을 근거로 아동기, 청소년기, 성인기, 노년기로 구분하여 죽음에 대한 인식과 태도를 발달적 관점으로 이해해 보고자 한다. 죽음은 그 특성상 임종이 가까운 노인만의 문제가 아니며, 시기적으로 임종이 멀게 느껴지는 아동·청소년·성인기도 죽음의 문제에서 자유롭지 못하기 때문이다.

　통계청에 따르면 2022년 총사망자 수는 37만2,939명으로, 이 중에서 60세 이상이 32만6,112명(87.44%), 60세 이하가 4만6,800명(12.55%)으로 나타났다. 약 13%의 사망자가 죽음의 시간과 다소 거리가 있다고 여겨지는 연령대에서 죽음을 맞았다. 더욱이 과거에는 사망 원인이 주로 질병이었지만 현대에는 자연재해, 각종 사고와 자살 등 예기치 않은 죽음의 비율이 증가하고 있다. 임종의 순간은 모든 연령대에 해당되고, 연령대에 따라 죽음의 발생 원인이 다르기 때문에 연령에 따른 개인적 역할과 상황 또한 다를 것이다. 서미숙 외(2016)는 "인간이 죽음을 맞이할 때 받아들이는 태도는 시대와 사회·문화권, 개인의 가치관과 철학, 삶의 경험과 태도의 영향을 받는다"고 하였다. 이처럼 죽음에 대한 인식과 태도는 성장 과정을 통해 형성된다고 보는 것이 일반적 견해다.

　개인의 발달에는 각 단계마다 사회적 기대, 개인의 요구와 능력이 상호작용하는 속에서 달성해야 하는 과제가 주어진다. 발달은 상승만을 뜻하는 것이 아니고 유지와 쇠퇴까지 포함하기에 긍정적인 사건뿐만 아니라 적절한 좌절 경험까지 골고루 겪는 것이 중요하다. 이런 경험들은 인생의 밀도를 농후하게 한다. 전 생애에 걸쳐 필연적으로 겪을 수밖에 없는 갈등을 주관적으로 해결해 온 체험은 위기를 극복하는 역량을 높이며, 그 역량은 삶 속에서 소중한 자원으로 활용된다. 결과적으로 발달 단계에서 맞닥뜨리게 되는 위기는 삶의 방향성을 잡고 인생의 완결성을 높이는 주요 사건인 셈이다.

　탄생의 순간은 본인이 준비할 수 없지만 죽음은 주변과 자신이 어떻게 준비하느냐에 따라 그 모습이 다를 것이다. 그럼에도 사회적 분위기 때문에 죽음에 대해 이야기하는 것 자체를 불편하게 느껴, 임종이 얼마 남지 않은 경우에도 '자신에게 곧 죽음이 도래한다'는 사실을 고지받지 못해 말기 환자의 38~49%는 자신의 임박한 죽음을 알지 못한 채 죽어간다(권석만, 2019). 보호자들이 임종자에게 "모르는 게 차라리 낫다", "어떻게 전해야 할지 모르겠다"는 이유로 임종을 알리지 않거나, 임종 수일 이내에 임종을 알린다면, '한 존재'가 각자의 방식대로 삶을 정리할 기회를 빼앗거나, 소중한 사람들과 이별할 기회를 얻지 못하고 헤어지게 될 수 있다.

죽음을 드러내놓고 말하지 않는 문화나 죽음에 대해 드러내놓고 말하지 않는 사회 풍토에서는 자기 눈의 안경처럼 자기 프레임(frame)으로 죽음을 보려는 경향이 있다. 이에 죽음에 대한 태도는 연령이나 환경·개인이 처한 상황에 따라 다르게 나타난다. 즉, 죽음의 문제는 죽음이 '무엇이냐'가 아니라 죽음을 '어떻게 받아들이느냐' 하는 태도의 문제다. 그렇기에 죽음에 대한 이해와 인식을 높이는 교육이 필요하다. 죽음은 당사자에게는 삶의 마지막 사건이지만, 그 영향력은 남은 사람의 삶에는 지속적이다. 따라서 죽음에 대한 인식과 태도, 죽어가는 과정에서 죽음에 대한 대처가 발달 단계마다 어떻게 다른 모습을 보이는지 살펴보고자 한다.

I. 아동기의 죽음에 대한 인식과 태도

"아무도 죽지 않는 세계라고 표현한 아동기는 어른들의 환상일 뿐이다."

카스텐바움(Kastenbaum)

아동기(0~12세)는 탄생에서부터 청소년기가 시작되기 이전까지의 기간을 말하며, 여러 발달 영역에서 급격한 성장이 이루어지는 시기다. 에릭슨은 아동기를 영아기(0~1.5세), 유아기(1.5~3세), 학령전기(3~6세), 학령기(6~12세)로 분류하였다.

이 발달 단계에서는 조부모, 부모, 형제, 친척, 친구, 이웃, 교사, 애완동물 등의 죽음을 경험할 수 있다. 자주 하는 놀이나 동화책을 통해서도 죽음에 대한 인지가 형성되기도 한다. 이 시기에 잘못 형성된 죽음에 대한 인식은 성인기까지 영향을 미칠 수 있기에 발달 수준에 맞는 대화가 필요하다.

영아기는 발달 단계의 특성상 자연스러운 죽음을 경험할 기회 자체가 적다. 의학기술의 발달과 위생 상태의 개선으로 현대에는 영유아기의 죽음이 전체 사망자에서 차지하는 비율이 1% 미만이다. 사망의 대부분은 1세 미만의 출생 전후기 질환과 선천적 결함, 짧은 임신 기간과 저체중, 호흡 곤란, 원인을 규명할 수 없는 영아돌연사증후군 등을 꼽을 수 있다(통계청, 2023).

영아기의 심리·사회적 위기는 신뢰감 대 불신감으로 타인과 세상에 대한 기본적인 신뢰감을 형성하는 것과 관계가 있다. 신뢰감을 형성한 영아는 자신감과 희망을 갖게 되고 그들의 욕구를 충족시키기 위해 타인과 세상에 의존할 수 있다는 믿음을 갖게 된다. 또한 대상 영속성에 대한 인지 발달이 미치지 못하는 시기이므로 영아기에 즐겨하는 놀이인 '까꿍놀이'처럼 눈에 보이지 않으면 '사라졌다'고 여기고, 눈에 보이면 '나타났다'고 받아들인다. 따라서 죽음에 대한 인식도 까꿍놀이처럼 죽음은 없어진 것, 사라진 것으로 인식한다. 죽음이라는 추상적 개념을 이해할 인지적 능력이 부족하다.

유아기의 심리·사회적 위기는 자율성 대 수치심으로 자율성을 성취하는 것이다. 자기가 스스로 해보고자 하는 자율성과 독립성을 형성한 유아는 의지나 자기 통제를 통해 자기 규제와 외부의 명령 간에 균형을 맞출 수 있게 된다. 이때의 유아는 자기중심적인 사고로 자신과 대상의 관점이 다른 것을 인지하지 못한다. 또한 세상 만물의 모든 것에 생명이 있다고 생각하는 물환론(animism)적 인지 도식을 갖는다. 언어를 습득하되 논리적 사고로까지 연결되지는 못하며, 소꿉놀이, 병원놀이, 총놀이 등을 통해 상징적 사고가 더 발달하는 시기다. 죽음을 잠과 같은 일시적인 상황으로 이해하기에 죽은 사람은 관이나 무덤에서 숨을 쉬고 먹고 마시며 생활한다고 생각한다(신숙자, 2004). 죽음의 개념을 어렴풋이 갖기 시작하나 죽음이 신체의 마지막 사건이며 되돌릴 수 없는 비가역적 사건이라고 생각하지 않는다. 상상 속에서 상징적 의미로 죽음을 인식하는 것이다. 아동기의 사망은 영아들이 성장함에 따라 자율성과 주도성을 추구하며 활동량이 많아지므로 안전사고, 운수사고 등 외부적인 원인에 의한 사망이 증가한다.

학령전기의 심리·사회적 위기는 주도성 대 죄의식이다. 다양한 갈등 속에서 주도성을 계발하고 적합한 행동을 취하며 추구하고자 하는 욕망과 도덕적인 제한 간에 균형을 맞춘다. 이러한 자발성과 책임을 조화롭게 결합하면 삶에 목적과 방향을 갖게 된다. 이때는 부모가 즐겨 읽어주는 동화를 통해 죽음을 인지하는 경우가 많다. 죽음을 자연스러운 것으로 받아들이기보다 외부 원인에 의한 사고로 생각하거나 나쁜 사람에게만 일어나는 사건으로 이해할 수도 있다. 또한 죽음은 나이가 든 노인에게만 일어나는 사건이라고 생각하거나 병에 걸리지 않거나 사고를 피하면 죽지 않는다고 생각하기도 한다. 죽으면 다시 살아날 수 없다는 것은 이해하지만, 죽음이 남녀노소를 막론하고 보편적으로 일어나는 사건이라는 사실을 이해하지 못한다.

학령기의 심리·사회적 위기는 근면성 대 열등감으로 생산적인 일을 하는 능력을 계발하여 능력 있는 사람이 되는 것이다. 학령기는 학교라는 공동체에서 많은 친구들과 다양한 방식으로 상호작용이 늘어나는 시기다. 자신이 한 노력으로 인정을 받고 만족감을 가져다주면 근면성이 발달하게 된다. 이 시기의 아동은 시간의 흐름이나 논리적 사고가 가능해진다. 죽음의 원인에 대해서도 교통사고, 심장마비, 암, 전쟁과 같은 다양한 원인으로 죽음에 이르게 되는 것을 이해한다. 죽음은 육체적인 삶이 정지하는 일이며, 보편적으로 일어나는 사건이라는 것을 이해한다.

아동기의 죽음은 선천적 질병이나 사고에 의한 것으로 죽음 궤도가 짧고

빠른 것이 특징이지만, 암은 다른 원인에 비해 상대적으로 질질 끄는 고통스러운 죽음 궤도를 따르기 쉽다.

죽음 개념이 아동들의 인지적 성숙 단계에 따라 다르게 인식되는 것과 비슷하게, 질병을 가진 아동이 경험하는 불안이나 공포도 아동의 발달 단계에 따라 다르게 나타날 수 있다.

영유아기 아동은 애착과 불안의 문제로 죽음으로 인해 엄마, 친구, 조부모와 떨어지거나 홀로 있는 것을 가장 괴로워한다. 학령기 아동은 병이 주는 직접적 고통, 질병으로 친구들과 달라진 외형, 신체의 훼손에 대한 두려움, 병원에서의 의료 절차에 대해 걱정하며, 같은 병실을 이용하던 친구들의 죽음을 보고 자신도 그와 같이 될지 모른다는 죽음 자체의 두려움과 불안을 느낀다.

이때 질병과 죽음에 대한 대처로 부정, 합리화, 퇴행, 승화 등 다양한 방어기제를 사용하게 된다(이이정, 2011). 영유아기 아동들은 자신의 느낌이나 다양한 감정들, 예를 들어 죄의식, 공포, 불안, 분노, 슬픔, 혼란 등을 억제하지 않고 솔직하게 표현하며, 그 감정들이 수용되고 있다는 것을 지지받는 것이 필요하다. 아동의 눈높이에 맞게 죽음의 의미를 함께 이야기하고 설명하는 시간을 가질 필요가 있다. 이때 부모나 주위 사람들은 '아이에게 질병에 대해 설명해 주어야 할까'를 고민하게 된다. '과연 아이가 죽음을 이해할 수 있을까? 설명을 한다면 어떻게 설명을 해야 할까?' 고민하는 것이다.

나지(Maria Nagy, 1948, 1959)는 378명의 아동을 대상으로 죽음 관련 개념을 조사한 결과, "5세 미만의 아동은 죽음이 돌이킬 수 없는 사실이라는 것을 인식하지 못한다", "5~9세의 아동(학령전기와 학령기)은 죽음을 의인화시키며 죽음은 우연한 일, 또는 죽음이 특정한 법칙에 따라 우리에게 일어나는 일로 인식한다"고 발표하였다. 죽음에 대한 인식은 개인의 발달 수준에 따라 차이는 있으나 자녀가 죽음을 인지함에도 다수의 보호자들은 자녀들에게 질병과 향후 예후에 관한 정보를 공유하지 않는다고 밝혔다(Corr & Corr, 2018).

다수의 성인은 아동들이 접하는 죽음의 중요성을 과소평가하는 경향이 있다. 장례식장에서 두려움을 느끼거나 부정한 기운을 탈 것이라고 염려하는 등 여러 가지 이유로 가족의 장례에 함께 참석해서 이별을 할 수 있는 기회를 주기보다 배제하기도 한다. 그러나 아이들은 다양한 형태로 죽음을 경험하며, 가족의 죽음과 더불어 반려동물의 죽음도 중요한 이슈가 될 수 있다. 함께 놀고 생활한 반려동물의 죽음은 큰 상실이 되기도 한다(박종현, 2013). 또한 대중매체의 무분별한 방영의 영향으로 죽음에 대해 환상이나 비현실적인 생각을 가질 수도 있으며, 그 영향은 성인기까지 지속될 수 있다. 아이들이 죽음에 대한 올바른 개념을 형성하도록 돕는 것이 필요하다(전영란, 2008).

II. 청소년기의 죽음에 대한 인식과 태도

"자신을 사랑한다는 것은 일평생 계속되는 로맨스를 시작하는 것이다."

오스카 와일드(Oscar Wilde)

청소년기(12~24세)는 아동기 이후부터 성인기 이전까지를 말하며, 심리·사회적 위기는 자아정체감 대 역할 혼란이다. 청소년은 어린이도 아니고 어른도 아닌 상태에서 왕성한 호르몬의 변화를 겪기에, 심리적으로 불안정하며 정체감의 혼란을 겪는다. 흔히 '질풍노도의 시기'라고 불리며 급격한 신체적 변화와 더불어 성적 성숙, 인지적·정서적 변화를 경험한다. 부모와의 동일시가 줄어들면서 또래집단이나 영웅적 인물과의 동일시가 증가한다. 부모로부터의 영향에서 벗어나 자율성을 형성하고, '가능한 자아' 또는 '대안적 자아' 개념을 시험하며 성숙한 자아정체성을 확립하기 위해 고유한 정체성을 형성해 나가는 탐색을 시도한다. 부모로부터 내면화된 가치를 재조직하고, 자기중심성을 극복하며, 개인적 자원을 개발한다. 또한 자아를 통제하려는 노력을 하면서 한 인간으로 성숙해 가는 개별화 과정을 경험한다.

이 시기에는 자기 성에 적합한 성역할의 습득, 직업 선택에 대한 의사결정 등의 발달 과제가 있다. 동성 또래집단에서 이성 또래집단으로 관심이 옮겨가며, 이성교제를 통해 인격 형성을 도모하고 성인 남녀의 역할을 배움으로써 사회적 기술과 예의를 배운다. 청소년기에는 많은 변화, 상실, 분리감을 느끼게 되는 심리·사회적 위기를 잘 이행하면 개별화 과정을 성숙시키는 기회를 획득한다. 삶에서 일어나는 다양한 사건에 성공적으로 대처할 경우 앞으로 살아가는 데 힘이 되는 역량을 키우지만, 그렇지 못할 경우 삶에 대한 자신감을 잃고 역할에 대한 혼란을 겪기도 한다.

인지발달의 성숙으로 추상적 사고가 가능하기에 죽음의 특징이 무엇인지 인지하며, 죽음 이후에 대해서 생각하기도 한다. 죽음에 대한 관심으로 죽음에 대한 명확한 신념을 가지게 되면서, 죽음에 직면했을 때 분리불안과 단절의 공포 등 정립한 정체성을 잃어버릴 것 같은 공포를 갖기도 한다(박현정, 2015). 객관적인 죽음관을 형성하기도 하지만 대부분 나이 들어가는 과정에 대한 이해와 맥을 같이하고 있다. 생물학적으로 인지적으로 정서적으로 급격한 변화를 경험하는 때이므로 개개인의 성숙도에 따라 삶에 대한 관심과 의미, 타인에 대한 이타성, 죽음의 개념과 의미에 대한 인식의 차이가 크다.

청소년기는 신체적, 인시적, 심리·사회적 발달과 밀집히 관린된 상실을 경험하는 때다. 시험의 실패, 실연, 친구와의 이별, 진로와 관련된 부모와의 대립, 사회의 모순 등을 통해 '작은 죽음'을 체험하면서 상실과 관련된 고통스러운 경험을 한다(문영희, 2007). 실생활에서는 조부모, 부모, 교사, 형제, 친구, 애완동물의 죽음을 경험하며, 매체를 통해 동일시하는 유명인이나 우상의 죽음을 겪기도 한다. 죽음과 상실에 대한 경험은 청소년의 발달 과제를 위해서 특별한 의미를 갖는다. 애착관계에 있던 대상을 갑자기 상실한 경우, 자신이 버려졌다는 느낌을 강하게 받아 정서적으로 분리되는 과업이 달성되기 어려워지고 독립성에 위협을 받는다.

반면, 가족의 범위에서 벗어나 자신을 특정 집단에 소속시키고자 하는 경향이 강해져 또래집단에 의해 인정받고자 폭력적이고 위험한 행동을 하기도 한다(박현정, 2015). 자아 중심적인 생각이 강해지는 시기이므로 실제로 어떤 위험에 자신을 노출시켜도 아무 위험이 없다고 생각한다. 위험한 행동을 즐기거나, 이러한 행동으로 죽음이나 상실에 도전하고 이를 초월하고자 한다. 죽음을 무시하는 태도는 때로 극단적이고 위험한 행동으로 나타나기도 한다. 우리나라 10대와 20대의 사망 원인 중 자살이 1위라는 사실을 감안하면 청소년 시기에 갖게 되는 죽음의 태도에 대해 부분적으로 이해가 가능할 것이다(통계청, 2023).

청소년기의 사망 원인은 자살, 운수사고, 암 순으로 나타난다. 청소년기의 죽음은 대부분 갑작스럽고 예기치 못한 죽음이거나, 짧은 치료기간을 거친 후 죽음에 이르는 경우가 많다(통계청, 2023). 청소년기는 급격한 신체적·심리적 변화로 동요가 많은 시기이므로 죽음에 이르는 질병은 청소년에게 이중의 위기가 될 수 있다.

청소년기의 비자발적 원인에 의한 죽음 중에서 암이나 심장질환과 같은 질병에 의한 죽음은 같은 질병을 겪는 성인의 죽음 궤도와 비슷한 양상을 띠게 된다.

스티븐스와 던스모어(Stevens & Dunsmore, 1996)는 말기 질병과 죽음에 대한 청소년의 반응을 조사 연구한 결과, "죽어갈수록 죽음을 두려워하지 않는다"고 밝혔다. 이는 죽음 자체보다는 죽음의 과정을 더욱 두려워한다고 해석할 수 있다. 청소년 초기에는 주로 신체적 외모의 손상, 독립적으로 이동하지 못해 의존하는 것, 청소년 중기에는 질병으로 여자친구 또는 남자친구에게 매력적으로 보이는 능력에 어떤 의미를 갖게 될지, 주변 인물로부터의 간섭이 심해지고 또래로부터 거부되지나 않을지, 청소년 후기에는 질병이 자신의 삶의 방식과 인간관계, 미래 계획에 어떤 영향을 미치게 될지에 가장 관심을 가지며 두려워한다고 밝혔다(이이정, 2011).

질병으로 인해 자신의 생활양식과 직업적 전망, 대인관계의 상실 또는 변화를 경험하게 된다. 더불어 질병과 함께하는 생활양식을 새로이 익혀야 한다. 질병에 걸린 청소년도 성인처럼 자신의 치료와 치료방법에 관심을 갖고 의사 표현을 하며, 의사결정에 동참하고, 자신의 방식대로 삶을 영위하고 주변과 가족의 관계를 유지하기를 원한다. 주변에서 자신의 꿈을 펼치고 충분히 즐기고 살 기회를 갖지 못하는 것에 대해 안쓰러운 마음으로 어린아이처럼 대해서는 안 된다고 권고한다. 남은 시간을 의미있게 활용할 수 있도록, 꿈을 위해 어떻게 응원할 것인지, 함께 할 수 있는 것이 무엇인지 살펴볼 수 있다. 하고자 하는 특정한 어떤 것은 친구와 함께하고 싶어 할 수 있다.

질병으로 펼쳐보지 못한 꿈에 대해 분하고 억울함, 육체에 대한 공포, 미래에 대한 불안, 가족에 대한 죄책감, 슬픔, 혼란 등 다양한 감정을 느낄 수 있다. 자신의 느낌이나 감정 등을 억제하지 않고 솔직하게 표현하며, 감정들이 수용되고 있다는 것을 지지받는 것이 필요하다. 청소년 역시 자신의 생각과 감정, 죽음의 의미에 대해 적절하게 언어로 표현하고 함께 이야기하며 설명하는 시간을 가질 필요가 있다.

III. 성인기의 죽음에 대한 인식과 태도

"친구여, 우리는 일생을 통해 계속해서 살아가는 법을 배워야만 하네. 그런데 훨씬 더 놀라운 일은 우리는 일생 동안 계속 죽는 방법도 배워야만 하는 거라네."

루키우스 안나이우스 세네카(Lucius Annaeus Seneca)

성인기(25~64세)는 단일 발달시기 중 가장 긴 기간이다. 대부분 학업을 마친 후 사회로 진출하여 직업을 갖고 결혼을 하며 부모에게서 독립해 자신들도 부모가 되는 시기다. 많은 역할과 책임이 주어지기에 내외적으로 스트레스가 가장 많은 시기다. 에릭슨은 성인기를 성인 초기(25~45세)와 성인 중기(46~64세)로 구분하였다. 성인 초기는 '친밀감 대 고립감', 성인 중기는 '생산성 대 침체감'의 심리·사회적 위기를 겪으며, 부모로서의 역할, 직업적 성취, 자기 삶의 역사 속에서 흔적으로서 영속적으로 남길 수 있는 무엇인가를 생산한다고 하였다.

성인 초기의 발달 과제는 의미 있는 타인들과의 관계에서 친밀감을 형성하는 것이다. 이미 확립된 자아정체감을 바탕으로 타인과 융합하며 서로를 이해하고 공감하면 친밀감을 형성하지만, 그렇지 못할 경우엔 고립감을 경험하게 된다. 이때는 청소년기에 비해 죽음에 대한 불안이나 방어가 덜 나타난다. 부모, 동료, 친구, 형제자매 등 가까운 사람들이 질병이나 자연재해, 교통사고 등으로 언제든 죽을 수 있고, 언젠가는 죽는다는 필연성을 인식하기 때문이다. 그러나 다양한 사회활동과 결혼, 출산, 육아 등 생활의 급격한 변화로 인해 죽음을 직접적으로 인식하지는 않는다. 그렇기에 갑자기 찾아온 죽음은 커다란 충격이 되며 상실로 인한 슬픔을 내재화하고 은폐하는 경향이 있다.

성인 중기는 직업적 성취나 자녀양육, 다음 세대를 위해 보람을 느끼면서도 생산적인 일을 하고자 한다. 좀 더 나아가 사회에 봉사하고 공헌하며 생산성을 발휘하며 성취감을 느끼기도 하지만, 심리·사회적 위기를 잘 성취하지 못했을 때는 침체감을 맛보게 된다. 일반적으로 신체적, 지적, 사회적으로 최고의 역량을 발휘하며 생산성을 극대화하는 인생의 전성기라고 할 수 있다. 그러나 나이듦을 받아들이고 성장한 자녀를 떠나보내거나, 이혼, 경제적 파탄, 해고 등 각종 위기 상황을 맞이하기도 한다. 또한 이때가 되면 부모의 죽음으로 인해 가장 나이가 많은 세대가 되고 부모나 상사, 동료 등의 죽음에 직면하게 되며, 부고란을 읽을 때 점점 더 아는 이름이 많아지게 된다(박종현, 2013).

"부모의 죽음은 나의 과거가 죽은 것이고, 배우자의 죽음은 나의 현재가 죽은 것이고, 자녀의 죽음은 나의 미래가 죽은 것과 같다"는 말처럼, 이 시기가 되면 죽음은 갑자기 현실감을 띠게 된다. 자신이 언제든지 죽을 수 있고 언젠가는 죽을 존재라는 인식으로 인해 일생 전체를 조망하면서 중년의 위기에 직면하기도 한다.

이에 대해 레빈슨(Levinson)은 "시간의 유한성이 자신에게도 해당된다는 것을 인정하게 되고, 이제까지 이룩한 업적과 포기해야만 하는 일, 은퇴와 죽음에 대해 생각하게 되고, 가치와 우선순위를 재평가하여 남은 세월을 어떻게 하면 최대한 뜻있게 살 수 있을까 생각하게 된다"고 하였다(레빈슨, 1978). 죽음을 자각함으로써 관계를 재정립하고 외적으로 향했던 에너지가 내적으로 향하게 된다. 인생 전체를 돌아보며 용서와 화해를 구하는 등 삶과 죽음에 대해 성숙한 태도를 취하게 된다. 반면, 자신의 죽음으로 가족들이 느낄 상실감이나 슬픔, 미래의 계획이나 목표를 더 이상 지속할 수 없을 것에 대한 염려와 불안을 겪는다.

성인기의 사망 원인은 20·30대는 자살, 암, 운수사고, 40대는 암, 자살, 간 질환, 50대는 암, 자살, 심장 질환 등인 것으로 나타나고 있다(통계청, 2023). 20·30대의 사망 원인 1위가 자살이고, 암은 20대부터 50대까지 사망 원인 1, 2위를 차지할 정도로 성인 사망 원인의 대부분을 차지하고 있다.

주요 사망 원인을 차지하고 있는 암, 간 질환, 심장 질환 등 만성 성인병은 천천히 진행되어 서서히 죽음에 이르는 죽음 궤도를 따르고 있다. 이러한 질병으로 죽는 성인은 사망 원인의 대부분이 사고나 자살 등 갑작스러운 경우인 청소년과 비교할 때 다른 죽음의 과정을 겪게 된다(김성준, 2015).

성인 전기는 인생에서 건강한 생활을 할 수 있는 시기이기 때문에 건강 문제에 그다지 관심을 갖지 않는다. 또한 다양한 가능성을 열어놓고 실제적, 구체적 상황에 초점을 맞추는 실용적 사고를 하므로, 예상치 않은 말기 질병과 예기된 죽음의 충격은 다른 발달 단계보다 더 감정적으로 동요하게 되고 충격에 휩싸이게 된다. 성인에게 죽음은 더 이상 모호한 개념이 아니다. 죽음으로 인해 친밀한 관계를 형성하고자 하는 욕구, 성적 관심을 표현하고자 하는 욕구, 미래의 계획과 목표 성취를 위한 실질적인 도움을 얻고자 하는 욕구들에 장애가 될 수 있다(Corr & Corr, 2018).

죽어가는 사람은 이미 죽은 사람이 아니다. 그들은 여전히 친밀감을 유지하고자 하는 욕구가 있으며, 친밀감 형성이 어렵게 될 경우 고립감을 경험할 수 있다. 질병으로 '다른 사람으로부터 버림받고 고립되지 않을까' 염려하며 걱정한다. 친밀한 사이라면 성적 관심과 친밀감의 표현으로 부드러운 접촉이나 가벼운 터치, 생각과 감정을 표현하며 신체적·심리적 욕구에 대해 개방적으로 대화를 나눌 필요가 있다. 더불어 질병과 죽음에 대해 정보가 충분한지, 죽음에 대한 공포나 두려움은 어떠한지 관심과 애정으로 살펴보고 대화하는 것이 좋다.

성인 중기는 생산성 추구의 시기다. 삶의 유한성을 인지한 성인 중기는 생산성을 추구하기보다는 삶을 재평가하고, 남은 시간을 가늠하며 더 할 수 있는 일과 정리할 일들을 구분하여 계획을 변경하고 정리하고자 한다. 질병으로 실존적 위기를 직면해 자신이 맡았던 역할에 대해 정리의 필요성을 느낀다. 또한 직업적 성취나 개인적 성취, 돌봄이 필요한 가족들을 위해 유언장 작성이나 유산상속 등 실질적인 일들을 정리하고자 한다. 죽음 이후에 있을 수 있는 혼란과 부담을 최소화하고자 노력하기도 한다.

질병과 죽음으로 얻지 못하고 완결되지 못하는 삶에 대해 슬픔을 경험하기도 하고, 앞으로 함께 하지 못하는 것에 대한 소중함을 인식하기도 한다. 실존적 위기인 질병이 자극이 되어 삶이 한층 성숙되기도 한다. 그럼에도 가능한 한 계속 의미 있는 역할과 관계에 참여할 수 있도록 건설적인 생산성 추구 과정을 지원하는 것이 바람직하다.

Ⅳ. 노년기의 죽음에 대한 인식과 태도

"살고(Live) 사랑하고(Love) 웃으라(Laugh). 그리고 배우라(Learn). 이것이 우리가 이곳에 존재하는 이유이다."

엘리자베스 퀴블러 로스(Elisabeth Kubler-Ross)

노년기(65세~)는 성인기 이후부터 죽을 때까지의 기간이다. 현대 사회에는 50세에 은퇴하는 사람이 있는가 하면 어떤 노인은 70대 이후까지 일을 한다. 평균수명의 연장으로 건강 상태, 교육 수준, 경제력, 지지 체계에 따라 노년기는 큰 차이를 보인다. 이 시기는 발달 단계의 마지막 장으로 삶의 의미를 재통합하고 평가하는 시기다.

에릭슨(Erikson)은 노년기의 심리 · 사회적 위기를 '자아의 통합'으로 보았다. 자아의 통합을 이루면 큰 동요 없이 편안하게 노년기를 보내며 죽음에 대해 두려움 없이 대처하지만, 그렇지 못할 경우 지난 생을 후회하거나 죽음을 두려워하게 된다. 노년기에는 사회적으로 역할을 상실하고 경제적인 어려움과 함께, 신체의 노화뿐만 아니라 배우자나 친구, 반려동물의 죽음으로 많은 상실을 경험하는 시기이기도 하다. 노년기는 이미 부모님, 형제자매, 친구, 동료, 자녀, 손주, 반려견 등 다양한 죽음을 목도한 경험이 있고, 우리나라 전체 사망자의 75%가 노년기에서 차지하고 있는 만큼 자신의 죽음을 받아들이는 것이 일반적이다.

칼리시(Kalish)는 노인은 자신의 죽음을 자연의 순리로 받아들이며, 주변 사람의 죽음을 반복적으로 경험하면서 자신 역시 예측 가능한 사회화 과정의 결과로 받아들이기에, 자신의 삶을 젊은이의 삶보다 덜 가치 있는 것으로 여긴다 하였다(칼리시, 1985). 따라서 충분히 애도하지 못하고 사별을 경험하는 일이 반복될 경우 심리적 비통함이 오래 지속될 수도 있다.

노인인구는 암, 심장 질환, 뇌혈관 질환이 주요 사망 원인을 차지한다. 코로나19의 발생으로 코로나19로 인한 사망이 노년기에 새로운 사망 원인으로 등장했는데, 60대에서는 4위, 70·80대에는 2위였다(통계청, 2023).

노인에게 죽음은 쇠약, 고립, 의존보다 덜 위협적으로 인식되고 있으며, 고령의 노인들은 신체적으로 복합적인 질병을 갖고 있고 더불어 정신력이 예전 같지 않음을 인지한다. 노년기 사망 원인의 대부분은 노화나 퇴행성 변화 등 내부적 요인에 의한 것으로, 당사자에게는 고통스러운 죽음의 과정이 된다(이이정, 2011). 고령 노인이 두려워하는 것은 죽음 자체나 존재의 없음에 대한 공포보다 죽음의 과정에 대한 공포, 고통에 대한 공포, 요양원 같은 곳에서 오래 앓다가 죽게 되는 것이다(김성준, 2015). 대개의 경우 질질 끄는 죽음 궤도를 따르기 때문에 노인 당사자에게는 고통스러운 죽음 과정이며 주변에는 정신적·육체적·재정적 부담이 되기도 한다.

마셜(Marshall)은 다가오는 죽음에 대한 적응과 준비를 노년기의 주요 적응 과제로 보면서 죽음에 대한 준비는 죽음의 정당화(legitimation of death)라는 과정을 거쳐서 이루어져야 한다고 보았다. 죽음을 정당화한다는 것은 죽음이라는 현실 앞에서 단념하고 포기해 버리는 것이 아니라 다가오는 죽음을 적절하고 타당한 것으로 받아들이는 과정이다(박종현, 2013).

일반적으로 죽음과 말기 질병에 대처하고 있는 노인은 4가지 욕구가 있다. 첫째는 "자신의 정체성을 유지하고, 둘째는 자신의 삶을 결정하고, 셋째는 자신의 삶이 여전히 가치가 있음을 확인하고, 마지막으로 적절한 건강관리 서비스를 받는 것"이다(Corr & Corr, 2018).

첫째로 개인의 '정체성 유지하기'는 연속적인 자기개념과 자아존중감을 바탕으로 발전된다. 죽음과 말기 질병에 직면한 노인은 신체적으로는 피로, 고통을 경험하며, 사회적으로는 사회적 지지의 부재, 노인에 대한 평가절하의 분위기를 경험할 수 있다. 그럼에도 가족과 돌봄 제공자는 반복하는 과거 이야기에 대한 핀잔보다는, 과거를 회상하고 자신의 정체성을 유지하고 표현할 수 있도록 경청하며 독려하는 자세가 필요하다. 이야기와 인생회고를 통해 삶의 재평가가 이루어지도록 돕는다.

둘째는 자신의 삶의 결정에 참여하여 자율성과 책임감을 가지는 것이다. 자기 스스로 삶에 책임을 지는 능력은 현대를 살아가는 사람들에게 소중한 가치이며, 특히 많은 상실을 경험하고 일상의 대부분을 의존해야 하는 노인에게는 더욱 그렇다. 신체적·정신적으로 자신의 일을 결정할 수 없을 경우에 자신의 치료나 돌봄에 대한 결정에 참여하고, 생전 유언장을 작성하거나 대리인을 세워서 자신의 건강 문제를 처리하고자 할 수 있다. 이러한 절차들은 일반적으로 노인들의 정신건강과 삶의 만족감에 긍정적인 영향을 미친다.

셋째는 자신의 삶이 여전히 가치 있음을 확인하고자 하는 욕구이다. 사회적 은퇴, 신체적 노화와 기능의 쇠퇴는 젊은이 중심에서 노인의 삶은 평가절하와 차별을 조장하고, 노인들 스스로 가치 절하, 자기 비하의 과정을 심화시킬 수 있다. 여러 이유로 다른 사람과의 접촉 감소는 고립을 초래하고, 신체적 죽음 이전에 사회적 죽음을 경험하게 만든다. 여전히 가족들에게 중요하고 의미있는 사람임을 알리는 것만으로도 노인의 자기 가치감과 자아존중감을 신장시키는 데 도움이 된다. 가족들은 건설적인 돌봄과 현재 삶의 질을 향상시키는 방법을 알려줄 필요가 있다.

넷째는 적절한 돌봄 서비스 충족의 욕구이다. 병원에서 더 생산적이고 효율성이 높은 젊은 사람에 비해 종합적이고 다양한 관리를 받지 못하고, 충분한 치료와 돌봄을 받지 못하는 형평성의 문제가 야기될 수 있다. 혼자서 의사결정을 할 수 없는 노인은 더욱 그러하다. 죽음을 두려워하지 않는다는 것이 치료와 돌봄을 포기한다는 의미는 아니며, 말기 질병이나 임종의 순간은 누구나 남에게 의존할 수밖에 없는 상황이다. 삶의 마지막을 온전하게 마무리할 수 있도록 돕는 것은 특정 노인만의 개인적인 문제가 아니다.

인간의 성장은 내외적 성장과 유지와 쇠퇴를 포함한다. 노년기에 가치 없음으로 사회적 무시가 일어나는 것은 곧 다가올 내 죽음의 모습일 것이다. 사회적으로 성숙한 인식과 제도적 받침으로 돌봄을 받는 사람과 돌봄을 제공하는 모두가 아름다운 마무리를 할 소중한 시간이 지켜지길 바란다.

자신의 삶에 대한 자율성과 책임으로 자기결정권을 갖는 것은 소중한 권리이다. 우리나라는 수의를 준비하거나 묘를 정해두는 등 죽음을 미리 준비하는 전통이 있었다. 현대에는 이런 모습에 변화가 생기면서 각기 다른 형태로 죽음을 생각하며 시간의 의미와 삶의 질을 고민하는 모습이 나타나고 있다. 앞으로 임종을 맞는 모습은 더욱 다양해질 것으로 보인다.

지금까지 에릭슨의 심리·사회적 발달이론에 따라 죽어가는 과정을 살펴보았다. 인간의 발달은 양적으로 증가하는 성장과 질적으로 채워지는 성숙의 상호작용과 외부 자극의 학습이 더해져 변화해 간다. 죽음은 발달 과정의 순서에 따르지 않으며 정신적 성숙은 한계를 두지 않는다.

분명 발달 단계에 따른 심리·사회적 위기가 있으며 앞선 발달 단계에 건강하게 위기를 극복하였을 때, 다음 발달 단계로 심리적·신체적·사회적으로 순조롭게 넘어가며 내외적 건강성을 확보하게 된다. 매 시기마다 적절한 돌봄과 양육이 있을 때, 긍정적인 자기 정체성을 형성하고 전인적으로 성장하며, 자신의 효능감을 극대화하면서 삶을 영속할 수 있다. 이러한 건강한 발전을 도모하기 위해서는 적절한 좌절과 실패가 성장의 필수요소이다.

아르스 모리엔디(Ars Moriendi)는 '죽음의 기술'이라는 뜻이다. 죽음의 기술은 "씨가 뿌려지면 뿌리를 뻗고 싹을 틔우고 줄기를 내고 꽃을 피운다. 때가 되면 꽃은 반드시 땅에 떨어진다"는 자연의 순환처럼 죽음을 슬기롭게 준비하길 권한다. 우리의 인생도 자연과 닮아 있다.

삶의 순간은 위기의 연속이며, 당면한 위기를 직면하고 어떻게 풀어내는지가 선택의 모습으로 다가올 것이며, 풀어내는 방식에 따라 삶의 결이 달라질 것은 자명한 일이다. 삶에서 죽음만큼 실존적이고 위협적인 문제가 있을까? 자신의 죽음뿐만 아니라 가족, 친지, 친구, 조부모, 반려동물까지 애착관계에 있는 대상들을 죽음으로 이별해야 하는 순간은 죽음의 속성상 불규칙적으로 다가온다.

발달 시기에 따라 죽음을 인식하는 것은 다르다. 그럼에도 걸러지지 않은 미디어와 책들, 어른들을 통해 편향되거나 발달 단계에 적합하지 않은 방식으로 죽음이 인식되고 있는 경우가 있다. 또한 죽음을 인식하기도 전에 생활사건으로 먼저 죽음을 만나게 되기도 한다. 불편하고 적절하지 못한 죽음에 대한 인식은 오랫동안 각인되어 삶에 지속적인 영향을 미친다. 죽음에 대한 올바른 이해는 먼저 떠난 이들의 죽음이 아픔뿐인 상처만으로 굳어지게 내버려 두지 않으며, 새로운 의미 짓기로 내적 성장을 도모하게 한다.

삶의 마지막 관문인 죽음은 언제 찾아올지, 어떤 모습으로 어디에서 만나게 될지 알지 못한다. 그러나 확실한 것은 한 번은 통과해야 할 삶의 마지막 관문이라는 것이다.

발달 시기에 따라, 죽음의 형태에 따라 스스로 준비가 가능할지, 주변에서 도움을 주거나 받아야 할지는 알 수 없다. 그러나 확실한 것은 아는 만큼 보이고, 보이는 만큼 준비할 수 있으며, 준비하는 만큼 죽음을 맞이하는 모습은 다를 것이다.

고대 그리스의 철학자 소크라테스(Socrates)는 "정말로 중요한 것은 그저 사는 것이 아니라 잘 사는 것이다"라는 말을 남겼다. 죽음에 대한 숙고는 자신에 대한 이해를 높이고, 삶의 기준을 좀 더 명료하게 한다. 어떤 죽음을 맞고 싶은지 스스로에게 질문하는 행위는 삶의 밀도를 높이고 궁극적으로 존엄한 죽음을 맞게 할 것이다.

ᵔᵔ 발달 단계와 관련한 죽음에 대해 생각해 봅시다

1. 아동기에 죽음 또는 유사한 상실을 인식했던 사건을 경험한 적이 있나요? 그 사건은 어떤 것이었으며, 그 당시의 감정과 느낌은 어땠나요?

2-1. 청소년기에 죽음 또는 유사한 상실을 인식했던 사건을 경험한 적이 있나요? 그 사건은 어떤 것이었으며, 그 당시의 감정과 느낌은 어땠나요?

2-2. 청소년기에 위험에 자신을 노출시키거나 위험한 행동을 즐긴 경험이 있나요? 그 행동은 무엇이었으며 무엇을 얻기 위한 행동이었나요?

3. 자신이 언제든지 죽을 수 있고 언젠가는 죽을 존재라는 인식이 현실감을 띠게 된 경험이 있나요?

4. 당신이 생각하는 '좋은 죽음'은 어떤 죽음인가요? 어떤 죽음을 맞이하고 싶나요?

08 호스피스·완화의료와 말기 돌봄

이지원

모든 인간에게 생명은 가장 귀한 선물이며 소중하다. 그러나 인간다운 삶과 함께 인간은 존엄한 죽음을 맞이하길 원한다. 최근 웰다잉 문화의 확산으로 말기 환자의 삶의 질과 죽음의 질에 관한 관심이 커지고 있다. 그로 인해 생애 말기의 다양한 고통을 경감시키고 마지막 순간까지 의미 있는 삶을 살다가 편안한 임종을 맞이할 수 있도록 전인적 돌봄을 제공하는 호스피스·완화의료의 중요성이 대두되고 있다. 이에 호스피스·완화의료의 정의와 역사, 철학과 윤리의 이해를 통해 그 필요성을 인식하고 호스피스·완화의료의 구성과 체계, 한국의 호스피스·완화의료 제도와 유형 등을 알아보고자 한다.

I. 호스피스·완화의료의 역사

1. 호스피스·완화의료의 유래

호스피스(hospice)의 어원은 라틴어 호스피탈리스(hospitalis)와 호스피티움

(hospitium)에서 기원하였다. 호스피탈리스는 주인을 뜻하는 호스페스(hospes)와 병원을 의미하는 호스피탈(hospital)의 복합어이고, 호스피티움은 주인과 손님 사이의 따뜻한 마음과 이러한 마음을 표현하는 돌봄, 장소 등을 의미하며 호스피스(hospice)로 변화하였다.

2. 서양의 호스피스

호스피스는 중세기에 성지 예루살렘으로 가는 순례자나 여행자가 쉬어가던 휴식처로서 병자와 임종을 앞둔 환자들을 돌보는 종교적 활동에서 시작되었다. 11세기 십자군 운동 시기에는 십자군들의 숙소이자 병자들을 수용하는 역할을 하였고 이 활동을 지속하기 위한 수도회가 창설되었다. 종교개혁 이후에는 수도원이 쇠퇴하며 호스피스에 대한 지원이 약화되었다가 17세기 프랑스에서 성 빈센트 폴(Saint Vincent de Paul)에 의해 다시 호스피스가 부흥하기 시작하였다. 성 빈센트 폴은 병자와 행려자, 고아, 가난한 이들을 돌보는 자선수녀회(Sister of Charity)를 설립하였다.

프랑스에서는 1842년에 잔 가르니에(Mademe Jeanne Garnier)가 갈바리(Dames du Calvaire)를 설립하여 임종 환자들을 돌봤다. 19세기 초 독일에서는 자비의 수녀회(Sister of Charity)가 창립되어 1879년 아일랜드 더블린에 성모 호스피스(Our Lady's hospice)를 개설하고 1905년에는 런던에 성 요셉 호스피스를 설립하였다. 이 두 호스피스는 죽어가는 환자들에게 간호와 영적 지지를 제공하며 오늘날 호스피스가 임종을 앞둔 환자들을 돌보는 의미로 정착하는 계기가 되었다.

1967년 영국의 간호사이자 의사, 의료사회복지사인 시슬리 손더스(Cicely M. Saunders)는 '호스피스의 어머니'라고 불리며, 현대의학을 호스피스에 접목시킴으로써 현대적 의미의 호스피스·완화의료 개념의 초석을 만들었다. 1967년 최초의 현대적 호스피스 기관인 성 크리스토퍼 호스피스(St. Christoper's Hospice)를 설립하고 말기 환자와 임종 환자를 돌보는 교육과 연구를 진행했으며 이는 현대 호스피스 활동의 모델이 되었다.

시슬리 손더스는 말기 환자들이 겪는 어려움을 총체적 고통(total pain)이라고 하였다. 호스피스는 말기 환자의 신체적 고통, 영적, 정신적 고통을 총체적으로 돌보는 것이며, 환자와 환자의 가족, 사별 가족까지 호스피스 돌봄의 범주에 포함시키고 통증 조절을 위한 적절한 마약성 진통제의 사용을 체계화하여 오늘날 호스피스·완화의료의 시초가 되었다.

영국은 1980년대에 전국적으로 호스피스 기관이 확대되었고 영국 정부는 1991년 호스피스국가위원회(National Hospice Council, NHC)를 설립했고, 2001년 완화의료에 대한 보험 지원과 서비스 지침을 개발, 보급하였다. 2005년에는 사전의료결정에 대한 법적 기준을 마련했고, 2008년에는 생애 말기 돌봄 전략(The End of Life Care Strategy)을 제정하여 완화의료 체계를 확립하였다. 영국은 오랜 호스피스·완화의료의 문화를 가지고 공공의료와의 협력을 통해 발전해 왔다. 오늘날 다양한 유형의 호스피스·완화의료를 제공하며 암성 질환뿐만 아니라 비암성 말기 환자까지 점차 이용률이 증가하고 있다.

독일은 1980년대부터 본격적으로 호스피스 운동이 확산되었다. 1992년 독일 연방 호스피스협회가 설립되었으며, 임종자를 위한 법정 규정과 정책, 지원이 마련되었다. 2015년에는 호스피스·완화의료법이 제정되면서 가정, 요양기관, 호스피스 병동, 병원 등에서 다양한 형태의 호스피스 서비스의 이용이 의료보험 혜택을 받을 수 있게 되었다.

미국은 1963년 시슬리 손더스가 미국을 방문하여 호스피스에 대한 강연을 한 것이 미국 사회에 호스피스에 대한 관심을 불러일으켰다. 1969년에는 엘리자베스 퀴블러 로스(Elisabeth Kubler-Ross)의 『죽음과 죽어감(On Death and Dying)』이 출판되면서, 미국에서 죽음과 말기 환자 돌봄에 대한 관심이 점차 높아졌다. 엘리자베스 퀴블러 로스는 '죽음의 5단계'를 부정과 고립, 분노, 협상, 우울, 수용의 과정으로 정립하였고, 사람들이 죽음을 삶의 일부로 받아들임으로써 삶을 더욱 잘 이해하고 현재의 삶을 충실히 살아가도록 하였다. 이러한 노력은 죽음이라는 주제를 의학과 의사들만의 영역에서 개인의 사적인 영역으로 확장시키며 사회적인 반향을 일으켰다.

1971년 호스피스협회가 결성되어 코네티컷에서 가정 호스피스 프로그램을 최초로 시작했고, 1975년 뉴욕의 성 누가 루스벨트 병원은 호스피스 프로그램을 운영하며 미국 호스피스의 모델이 되었다. 1979년에는 26개의 호스피스 기관에서 시범사업을 진행하며, 코네티컷 호스피스에서 44병상의 호스피스 입원시설을 운영하기 시작하였다. 1978년 결성된 미국호스피스협회(National Hospice Organization, NHO)는 호스피스·완화의료 프로그램의 원칙과 표준을 만들었고, 2000년에 미국호스피스·완화의료협회(National Hospice and Palliative Care Organization, NHPCO)로 명칭이 개정되어 지금까지 운영되고 있다. 1982년 메디케어 호스피스 급여 적용이 의회에서 제정되면서 미국의 호스피스 프로그램이 본격적으로 운영되기 시작하였다. 1979년 워싱턴주는 말기 상태에서 자연스러운 죽음의 과정을 선택할 권리를 인정한 '자연사법(Natural Death Act)'을 세계 최초로 제정하였다.

미국은 65세 이상 노인에 대한 미국 공공의료 보장 체계인 메디케어(Medicare)와 주로 저소득층에게 제공되는 보험인 메디케이드(Medicaid) 급여를 주된 재원으로 하여 호스피스 서비스를 제공하고 있다. 서비스 제공 장소는 독립형 호스피스·완화의료기관, 병원 중심 호스피스·완화의료기관, 가정 중심 호스피스·완화의료기관, 간호요양원 등 4가지 호스피스 서비스 형태다. 크게는 가정에서 이루어지는 가정형 호스피스·완화의료와 병원에서 이루어지는 병원 호스피스·완화의료로 구분하기도 한다. 미국은 입원비가 매우 비싼 까닭에 가정형 호스피스·완화의료를 선호하고 있다. 호스피스·완화의료 제공자는 의사, 간호사, 사회복지사, 성직자 또는 영적 상담자, 가정건강 조력자, 요법사, 자원봉사자 등이 있다.

3. 한국의 호스피스

한국은 예로부터 '선종', '인술', '효도'의 개념이 관습과 생활에 깊이 뿌리 내려 있었다. 호스피스는 이러한 전통문화를 구체적으로 발전시킨 것이다.

한국 호스피스는 아시아에서 처음으로 '마리아의 작은 자매회'가 1965년 강릉에 설립한 '갈바리 의원'에서 호주인 자원봉사자 의사 1명과 수녀 4명이 14개의 병상에서 임종 환자들을 돌보며 호스피스 활동을 시작했다. 1980년에 기독교와 가톨릭교를 중심으로 가정 호스피스를 시작했고, 임종 환자 돌봄에 관심이 높아졌으며, 가톨릭의대, 연세대학교, 이화여자대학교 등 병원과 대학에서도 관심을 가지기 시작하였다. 1981년 가톨릭의과대학 성모병원에서 의과대학, 간호대학 학생들과 의사, 간호사, 수녀들이 호스피스 연구모임을 시작하였다. 1988년에는 강남성모병원에 한국 최초로 호스피스과가 신설되었으며, 14병상의 호스피스병동이 설립되었다. 같은 해 세브란스병원 암센터와 이화여대에서 가정 호스피스 프로그램을 시작했다. 1990년대에는 호스피스 활동이 활발해지며 1991년 기독교를 주축으로 한국호스피스협회, 1992년 가톨릭계가 주축이 된 한국가톨릭호스피스협회가 창립되어 종교계를 중심으로 발전하였다.

1996년에는 WHO(세계보건기구)에서 가톨릭대학교 간호대학을 호스피스 협력센터(Collaborating Center for Hospice and Palliative care)로 지정하여 아시아 최초로 호스피스 교육 연구소가 개설되어 한국 호스피스 분야의 국제적인 활동이 시작되었다. 1998년 7월 4일 "호스피스·완화의료의 학문적 발전, 말기암 환자의 삶의 질을 높여 편안한 삶을 살도록 도움과 호스피스·완화의료 제도를 보건정책 및 의료법에 반영, 국제 호스피스·완화의료 학회나 협회와 교류 및 정보 교환"이라는 설립 취지로 의사, 간호사, 사회복지사, 성직자 등 다학제적인 전문가가 모여 한국 호스피스·완화의료학회를 창립하였다.

한국 호스피스·완화의료학회는 말기 환자와 가족의 존엄성 유지와 생애 말기 돌봄의 질 향상에 기여함을 목표로 한다. 첫째, 최적의 연구를 통해 근거 중심에 기반한 질 높은 돌봄의 표준화를 제공한다. 둘째, 전문인력의 역량을 강화하기 위한 지속적인 교육을 시행한다. 셋째, 호스피스·완화의료 돌봄 제공자 간 상호 협력을 촉진한다. 넷째, 돌봄의 다양성을 통한 호스피스·완화의료 이용의 접근성 향상을 도모한다. 다섯째, 호스피스·완화의료를 국민의 기본 권리로 정착시킬 것을 목표로 한다.

2000년대에 공공기관에서도 호스피스·완화의료에 관심을 가지면서 정부는 국립암센터 설립 후 국가암관리사업단 내 호스피스·완화의료 사업부서를 설치하여 호스피스·완화의료기관을 육성하고 지원하였다. 2002년 호스피스·완화의료 제도화와 법제화를 위한 시범사업 계획을 수립했으며, 2003년에 암관리법을 제정하여 말기암 환자 관리에 대한 국가의 책임을 명시하고, 2003~2004년 호스피스·완화의료 서비스 시범사업을 실시하였다. 2006년 '말기 암 환자 전문 의료기관 지정기준 고시'를 제정하여 완화의료 전문기관의 인력과 시설, 장비 기준 등을 제시함으로써 호스피스·완화의료 서비스의 질적 표준을 마련하였다. 2011년 암관리법을 통해 호스피스·완화의료 이용에 대한 법적 근거를 만들었으며, 2015년 7월 15일 말기암 환자 대상의 입원형 호스피스·완화의료에 대한 건강보험 수가를 도입했다. 2016년 2월 '호스피스·완화의료 및 임종 과정에 있는 연명의료결정에 관한 법률'(이하 연명의료결정법)이 제정되었다. 이에 연명의료결정법에 근거하여 호스피스·완화의료 대상자의 범위와 호스피스·완화의료 기관을 운영하고 있다. 호스피스·완화의료 기관들을 관리하고 지원하기 위해 국립암센터에 중앙호스피스센터를 설립하고, 권역별 호스피스·완화의료 센터를 지정하였으며, 입원형 호스피스·완화의료, 가정형 호스피스·완화의료, 자문형 호스피스·완화의료, 소아청소년 완화의료 유형으로 체계화된 호스피스·완화의료 서비스를 제공하고 있다.

II. 호스피스·완화의료의 정의와 철학

1. 정의

호스피스는 임종을 앞둔 말기 환자의 고통스러운 증상 조절과 환자와 그 가족들이 겪는 정신적, 사회적, 영적 고통을 포함한 총체적 고통을 돌보는 것이다. 호스피스는 적극적인 치료가 중단되고 완치의 가능성이 없는 말기 진단이 분명할 때 시작되고, 보통 여명이 6개월 미만으로 예측될 때 제공한다. WHO는 완화의료를 "생명을 위협하는 질환이나 건강과 관련하여 심각한 고통을 겪는 환자와 가족들의 삶의 질을 향상시키는 것으로, 임종 돌봄에 국한되지 않고, 마지막 수단이 되어서는 안 되며, 생명을 위협하는 질환을 겪는 환자의 조기 돌봄까지 통합돼야 한다"라고 정의했다. 즉 "완화의료는 환자의 조기 발견으로 고통을 예방하고 완화하며 정확한 평가를 통해 통증이나 신체적, 심리·사회적, 영적 문제를 치료하는 것"이다. 완화의료는 질병 과정 전반에 걸쳐 환자와 가족을 돌봄으로써 통증을 예측하고 예방하여 삶의 질 향상과 인간의 위엄을 지키며, 편안함을 도모함으로써 환자의 질병 과정에 긍정적인 영향을 미친다. 완화의료는 심각한 말기 질환의 치료 과정에서 겪는 시속적인 신체적, 심리·사회직, 영직 문제에 대해 지지하는 것은 물론, 환자의 사망 후 가족의 사별 돌봄까지 포함하는 전인적 개념으로 확대되고 있다. 완화의료는 지역사회와 그 구성원들의 참여를 독려하고 돌봄의 연속성을 향상함으로써 건강 돌봄 시스템을 강화할 수 있다.

각국의 의료 체계와 역사적 발전 배경에 따라 호스피스, 호스피스·완화의료, 완화의료, 생애 말기 돌봄과 같이 혼재된 단어를 사용하며, 일반적으로 호스피스와 완화의료는 질병 진단의 시점을 기준으로 구별하는 경향이 있다. 완화의료는 병의 진단 시기부터 시작할 수 있고 완치를 목적으로 한 치료와 병행하며, 호스피스는 예후가 6개월 이내로 판단된 말기 환자에게 제공된다는 점에서 차이가 있다. 최근에는 말기 진단 후에 호스피스 돌봄을 시작하는

[그림 3] 호스피스·완화의료

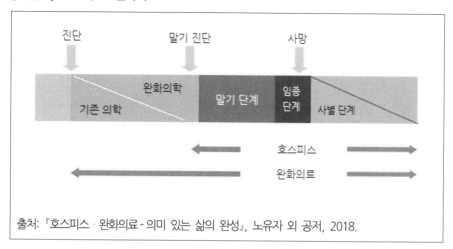

출처: 『호스피스·완화의료 - 의미 있는 삶의 완성』, 노유자 외 공저, 2018.

기존의 방식에서 벗어나 치료와 병행해 처음부터 완화의료를 함께 제공하도록 권고하고 있으며, 질병이 진행되어 말기 단계에 들어가는 과정에서 완화의료와 호스피스가 연속성 있게 돌봄을 제공하는 쪽으로 발전하였다(그림 3).

2. 호스피스·완화의료의 철학

호스피스·완화의료는 인간을 바라보는 관점이 중요하며, 인간을 신체, 사회적, 심리적, 영적 측면의 총체적 합으로 이해하며, 인간의 존엄성과 생명 존중의 정신에 근본을 두고 있다. 기존 의학은 의사 중심의 결정 방식, 질병의 완치를 목적으로 하기에 신체의 치료가 중심이 되어 병원 서비스 제공이 주가 되어 왔다. 반면 호스피스·완화의료는 환자와 그 가족이 중심이 되어 호스피스 돌봄 제공자와의 긴밀한 의사소통을 통해 치료 방향을 결정하고, 치료 목표를 증상 완화와 삶의 질 향상에 둔다.

이에 호스피스·완화의료는 첫째, 죽음의 과정을 삶의 자연스러운 과정으로 보며 임종까지 인간의 존엄성을 유지하기 위한 돌봄을 제공한다. 둘째, 인간의 내적 성장과 말기 환자와 가족이 지닌 고유의 잠재성 보존과 증진을 위해 나이, 성별, 국적, 인종, 신념, 성적 지향, 장애, 의학적 진단, 주 돌봄 제공자의 유무, 치료비 유무에 상관없이 환자와 가족을 돌본다. 셋째, 환자의 고통 경감과 안위를 도모하여 삶의 질을 높이고 존엄한 죽음을 맞이하도록 신체적 증상뿐만 아니라 환자가 호소하는 총체적 고통을 조절하기 위해 다학제간의 호스피스·완화의료팀이 전인적 돌봄을 제공한다. 삶의 질에 대한 의미는 개인 차가 있고 본인의 경험을 이해해야 하므로 환자가 원하는 삶의 질이 무엇인지 정확히 파악해야 한다. 질병 과정, 임종기, 사별 기간까지 전반에 걸쳐 환자와 환자의 가족에게 최선의 삶의 질을 유지할 수 있도록 돕는 것이 호스피스·완화의료의 기본적인 취지다. 호스피스·완화의료는 돌봄의 정신을 중요하게 여기며 환자와 가족의 아픔과 고통, 슬픔에 공감하고 지지하며 사랑과 연민으로 환자를 돌보아야 한다.

Ⅲ. 호스피스·완화의료의 구성과 체계

1. 호스피스·완화의료팀

호스피스·완화의료에서 팀 활동은 서비스 제공의 기본 요건이다. 말기 환자는 수많은 신체적 증상과 사회적, 심리적, 영적 고통과 같은 총체적 고통(total pain)을 갖고 있기 때문에 광범위하고 복잡한 요구를 한다. 이에 다양한 분야의 전문인력으로 구성된 다학제 의료팀이 협력과 의견 교환을 통해 환자와 관련된 정보를 공유하고, 함께 문제 해결을 모색하여 환자에게 효과적이고 통합적인 치료를 제공한다. 국제 호스피스·완화의료연합(International Association for Hospice & Palliative Care, IAHPC)의 가이드라인에서는 완화의료팀을 의사, 간호사, 사회복지사, 성직자, 자원봉사자, 치료사들을 핵심 전담팀으로 정의하고 있다. 그러나 더 광범위한 의미의 다학제 호스피스·완화의료팀은 호스피스 전문 의사뿐만 아니라 통증 전문의나 정신과, 치료방사선의학과 의사 등 협진이 가능한 의사를 포함할 수 있고, 물리치료사, 작업치료사,

약사, 영양사도 함께 참여할 수 있다. 우리나라는 기본 요건으로 의사와 간호사, 사회복지사를 필수 인력으로 하여 팀을 구성하도록 제시하고 있다. 하지만 양질의 호스피스·완화의료 서비스 제공을 위해서는 성직자, 자원봉사자, 요법치료사 등 다학제팀의 참여가 필요하다.

2. 호스피스·완화의료 대상자

말기 질환을 가진 환자는 누구나 호스피스·완화의료의 대상자가 될 수 있다. 말기 질환이란 적극적인 치료에도 불구하고 근원적인 회복의 가능성이 없고 점차 증상이 악화되어 몇 개월 내에 사망할 것으로 예상되는 경우를 말한다. 대개 임상적으로 판단되는 예상 사망 시기가 6개월 이내인 경우이다. 암은 말기로 진단받는 시점이 비교적 분명하고 말기 진단 이후 임종에 이르기까지 통증과 같은 신체적 고통이 수반되기 때문에 호스피스·완화의료 제공이 필수적인 대상이다. 그러나 노인 인구가 증가하고 여러 가지 만성 질환을 가진 환자들의 호스피스·완화의료 요구도가 올라가면서 호스피스 대상자에 비암성 질환을 포함해야 한다는 지적이 주목받고 있다. 이러한 사회적 필요성에 따라 연명의료결정법은 호스피스·완화의료 대상자에 말기암, 말기후천성면역결핍증, 말기만성폐쇄성호흡기질환, 말기만성간경화, 말기만성호흡부전을 포함했다.

그러나 현재 한국의 호스피스·완화의료 제도에서는 호스피스 병동에 입원하여 치료를 받을 수 있는 질병은 말기암에 국한되어 있다. 다른 말기 질환은 협진 형태의 자문형 호스피스나 가정 호스피스를 통해 호스피스·완화의료 서비스를 제공받을 수 있다. 호스피스·완화의료의 대상자는 환자뿐만 아니라 환자의 가족까지 포함된다는 점에서 다른 의료와 차이를 갖는다. 또한 호스피스·완화의료는 사별 가족 돌봄까지 호스피스 돌봄의 영역으로 포함하고 있다. 사별 가족은 상실에 대한 아픔으로 일상생활로의 복귀에 어려움을 겪고 있어 가족과 사회에 부담으로 작용한다. 이에 사별에 대한 지속적

평가로 고위험 사별 가족을 파악하고 상실의 고통에서 벗어나 사회로 복귀할 수 있도록 돕는 것이 호스피스·완화의료의 역할이다.

3. 호스피스·완화의료와 삶의 질

삶의 질은 모든 인간에게 중요한 공통의 주제다. 특히 죽음을 앞두었을 때는 더욱 중요시된다. 호스피스·완화의료에서의 삶의 질은 말기 환자와 임종에 임박한 환자의 가족에게는 더욱 그러하다. 삶의 질은 신체적, 사회적, 심리적, 영적인 영역을 포괄하며, 개인이 지각하는 주관적인 안녕 상태를 말한다. 또한 정서 상태, 경제생활, 자아존중감. 신체 기능과 상태, 이웃과의 관계, 가족관계의 요인에 대한 만족 정도로 본다. 삶의 질은 개인에 따라 차이가 있고, 환자 자신의 경험을 바탕으로 삶의 질을 이해하기에 복합적이고 다양하므로 호스피스 대상자의 삶의 질을 유지, 증진시킬 때 이러한 면을 고려하여 돌볼 필요가 있다. 한편 페렐(Ferrel, 1996)이 제시한 암환자에 적용한 삶의 질 모형은 다음과 같다.

① 신체적 안녕은 증상 조절, 고통 경감, 기능과 독립성의 유지다.

신체적 안녕은 암치료 후 다양한 신체적 변화에서 흔히 문제가 된다. 신체적 기능과 전반적인 삶의 질에 부정적으로 영향을 주는 여러 가지 문제가 발생하며, 그중 가장 흔한 만성적인 장애는 통증과 피로이다. 통증은 비전이성 질환으로 감각 이상, 부종, 환상통 등과 관련이 있을 수 있기에 신체적 안녕을 위해서 이러한 문제들이 해결되어야 한다.

② 심리적 안녕은 정신적 고통, 삶의 우선순위 변경, 알 수 없는 두려움과 생명을 위협하는 질병에 맞설 때 긍정적인 삶의 변화와 유지를 위한 시도를 말한다. 즉 불안, 재발, 이차성 악성종양, 전이성 질환에 대한 공포, 향후 진행할 검사에 대한 두려움, 압박감 등이 심리적 안녕을 방해한다. 이에 전문

가 집단은 정서적 지지의 제공과 환자가 죽음에 대한 두려움을 극복하도록 돌봄의 역할을 해야 한다.

③ 사회적 안녕은 개인의 역할과 암의 영향에 대처하기 위한 노력이다.

성적 문제, 결혼 문제, 자녀 문제, 직장에서 암환자라는 낙인이 찍히는 것에 대한 우려, 업무의 중심 역할에서 제외됨, 건강보험에서의 차별 등이 사회적 안녕을 방해한다. 이를 해결하기 위해 코칭, 지원, 현장 교육 프로그램, 가족상담의 개입이 필요하다.

④ 영적 안녕은 암환자가 미래에 대한 불확실성을 경험할 때 희망을 유지하고 삶의 의미를 확인하는 것을 의미한다. 정신적 고통, 슬픔, 상실 등이 영적 안녕의 방해 요인이므로 삶에 대한 희망과 목적을 갖게 하고, 질병의 의미를 찾도록 도와주는 것이 영적 안녕에 긍정적으로 영향을 미친다.

호스피스·완화의료의 목표는 말기 암환자가 인간으로서 존엄성을 지키고 최상의 삶을 살 수 있도록 돕기 위해 남은 기간 동안 삶의 질을 가장 크게 높이는 것이다. 이에 대상자의 다양한 문제를 파악하고 해결하기 위한 적절한 계획과 돌봄을 통해 호스피스·완화의료의 목적과 철학을 성공적으로 실현시켜야 할 것이다.

Ⅳ. 한국의 호스피스·완화의료의 제도와 유형

1. 호스피스·완화의료의 제도

한국의 호스피스·완화의료 제도는 암 환자를 중심으로 발전해 왔으며, 암관리법에 의해 그 토대가 마련되었다. 정부는 1996년 제1기 암관리 10

개년 계획을 수립한 이후 호스피스·완화의료 법제화를 위해 노력했으며, 2002년 호스피스·완화의료 제도화와 법제화를 위한 시범사업 계획을 수립하였다. 2003년 암관리법을 제정하여 말기암 환자 관리에 대한 국가의 책임을 명시했고, 2년간의 시범사업을 실시하였다. 2015년 7월 1일부터 호스피스·완화의료 입원 병상에서 말기암 환자를 대상으로 한 완화의료 서비스의 건강보험 급여화가 시작되었다. 이는 한국에서 호스피스·완화의료 기관이 증가하고 제도가 정착하게 되는 괄목할 만한 계기가 되었다. 2016년 '호스피스·완화의료 및 임종 과정에 있는 환자에서 연명의료 결정에 관한 법'이 제정 발표되어 현재까지 운영되고 있다. 호스피스·완화의료 서비스의 유형을 입원형, 자문형, 가정형, 소아청소년 완화의료로 나누어 관리하고 있다.

2. 호스피스·완화의료의 유형

① 입원형 호스피스

한국에서는 말기암 환자만 유일하게 보건복지부 지정 호스피스 전문기관의 입원형 호스피스를 이용할 수 있다. 입원형 호스피스에서는 통증과 신체 증상 완화를 비롯하여 임종 관리, 사별 가족 돌봄 서비스를 제공하고 있다. 포괄적인 조기 평가를 통해 돌봄 계획을 수립하고 직종별 상담을 제공하며 환자와 가족 교육을 진행한다. 또한 음악, 미술, 원예 요법 등의 프로그램, 환자와 가족의 심리적, 사회적, 영적 문제에 대한 상담, 호스피스·완화의료 자원봉사자들의 돌봄 서비스, 지역사회 자원 연계나 환자와 가족을 위한 특별한 이벤트를 지원받을 수 있다.

② 자문형 호스피스

자문형 호스피스의 대상은 말기암, 후천성면역결핍증, 만성간경화, 만성폐쇄성폐질환, 만성호흡기 환자다. 일반 병동과 외래에서 진료를 받는 말기 환자와 가족에게 호스피스팀이 담당 의사와 함께 호스피스·완화의료 서비스를 제공한다. 자문형 호스피스 환자는 신체 증상 관리를 자문받고, 생애 말기 돌봄 계획과 상담, 임종 준비 교육과 돌봄을 지원받을 수 있다. 자문형 호스피스는 환자에게 심리적, 사회적, 영적 지지와 함께 지역사회 자원 연계를 통해 경제적 지원을 하고, 재가 서비스를 연계하거나 말기암인 경우 호스피스 입원을 연계한다. 자원봉사자의 돌봄과 요법치료, 환자와 가족을 위한 돌봄 프로그램을 지원받을 수 있다.

③ 가정형 호스피스

연명의료결정법에 의한 호스피스·완화의료 대상자라면 누구나 서비스를 받을 수 있다. 가정에서 지내기를 소망하는 말기 환자와 가족에게 호스피스 팀이 가정으로 방문하여 호스피스 돌봄 서비스를 제공하는 것이다. 가정형 호스피스팀은 포괄적인 초기 평가를 통해 돌봄 계획을 수립하고 심리적, 사회적, 영적 지지의 제공과 임종 준비 교육과 임종 돌봄을 지원하고 사별 가족 돌봄 서비스를 지원한다. 가정에서 환자 돌봄에 필요한 장비 대여와 의료기관으로의 연계와 의뢰 서비스를 제공한다. 주야간 상담 전화 운영으로 가정에서 환자에게 발생하는 여러 가지 상황에 대해 가족이 당황하지 않고, 의료진의 조언에 따라 대처할 수 있도록 돕고 있다. 요법치료사나 자원봉사자가 의료진과 함께 방문하여 환자에게 정서적 지지를 제공할 수 있다.

3. 호스피스·완화의료 서비스 이용 절차

환자는 담당의사에게 말기 진단을 받은 후 호스피스·완화의료 이용 의향을 결정한다. 환자가 사전연명의료의향서를 미리 작성하지 않았을 때는 담당 의사와 함께 연명의료계획서를 작성하게 된다. 환자가 호스피스·완화의료의 이용을 희망하면 담당 의사는 "환자가 말기 상태이며, 호스피스 서비스 이용을 원한다"는 소견서를 작성해서 준다. 환자는 소견서와 이전의 진료 내역이 있는 의무기록 사본을 지참하여 호스피스 기관의 호스피스 담당 의사의 진료를 통해 호스피스를 신청해야 한다. 호스피스·완화의료 서비스에 대해 자세한 설명을 듣고 호스피스·완화의료 이용동의서를 작성한 후 환자는 본인의 상황에 따라 적절한 형태의 호스피스 서비스 유형을 선택한다.

V. 마무리

인간은 살아가면서 생명을 다하고 죽음의 단계에 이르기까지 전인적 돌봄을 받을 권리가 있다. 호스피스·완화의료는 말기 환자와 임종 환자들에게 전인적, 포괄적 서비스를 제공하고 총체적 고통을 완화함으로써 생애 마지막까지 품위를 유지하고 인간답게 지낼 수 있도록 하여 삶의 가치와 삶의 질을 최대화하도록 돕는 것이다.

오늘날 사회가 점차 삶의 질의 향상과 좋은 죽음에 대한 관심과 요구가 증가함에 따라, 생명 연장 중심의 의학에서 죽음을 앞둔 환자의 돌봄에 관심이 점차 확장되고 있다. 이에 따라 호스피스·완화의료의 중요성이 점차 높아가고 있다. 호스피스·완화의료는 오래 전부터 각국의 문화와 역사에 따라 다양한 형태로 발전해 왔으며, 한국의 호스피스 역시 사회적, 종교적, 의료적 요구와 호스피스·완화의료 관련자들의 지속적인 노력으로 지금의 호스피스·완화의료 제도에 이르렀다. 연명의료결정법이 제정된 이후 무의미한 연명의료와 호스피스·완화의료에 대한 인식이 변화하고 있다.

생애 말기에도 높은 삶의 질을 유지하며 좋은 죽음을 맞이하도록 하는 것이 목표인 호스피스·완화의료는 죽음이 가까운 기간에 인간이 가장 밀접하게 경험하는 의미 있는 의료서비스 활동이다. 이에 죽음교육 활동가들이 호스피스·완화의료의 중요성을 인식하고 이해하여 지역사회에서 생명의 존엄성과 삶의 질과 죽음의 질을 높일 수 있도록 의사결정에 도움을 주어야 할 것이다.

⌒⌒ 호스피스 · 완화의료에 대해 생각해 봅시다

1. 전통적 치료와 호스피스 · 완화의료의 차이점에는 어떠한 것이 있나요?

2. 호스피스 · 완화의료의 장애물에는 어떠한 것이 있다고 생각하나요?

3. 호스피스 · 완화의료에서 사별 관리를 하는 목적은 무엇입니까?

09 애도상담

정영미

I. 애도

사람은 누구나 죽기 때문에, 사랑하는 사람의 죽음을 누구나 어떤 형태로든 경험한다. 이를 통해 죽음이 어떤 것인가를 경험하는데, 사랑하는 사람의 죽음으로 인해 세상에 대한 공동의 체험을 더 이상 할 수 없게 된다. 사랑하는 사람의 죽음은 우리가 죽을 때까지 겪어야 하는 문제이고 견뎌야 하는 경험이다. 사별은 보편적이고 개인적인 경험이며, 사별의 고통은 사람마다 다르게 나타날 수 있다.

사랑하는 사람의 죽음은 삶의 한계상황일 수 있다. 삶의 한계상황은 우리를 변화시킬 수도 있지만 무너뜨릴 수도 있다. 이런 상황에서는 애도작업을 통해 세상과 새로운 관계를 맺어야 한다. 일반적으로 애도작업을 통해 사랑하는 이와 감정적 분리를 하게 되는데, 고인과의 감정적 유대를 끊어내고 감정에너지를 새로운 관계에 쏟는 것을 성공적 애도라고 본다.

프로이트(Freud)는 애도를 "사랑하는 사람의 상실 또는 어떤 것을 대체하는 데 필요로 하는 추상적 개념 상실에 대한 적당한 반응"이라고 했으며, 사별자가 고인과의 관계와 자아상, 외부 세계를 재정의하는 모든 시도를 애도라고 보았다. 애도란 상실에 대한 일반적인 반응이지만, 사별자가 죽은 사람에 대한 감정적인 결속을 끊지 못한다면 심각한 정신 문제로 발전할 수 있다고 했다.

스윗처(Switzer)는 애도를 박탈에 대한 정서적 고통의 반응이라고 했다. 또, 핵심 감정인 불안에 의해 압도될 수 있는데, 그것은 외부적 사건, 즉 정서적으로 밀착되어 있던 사람의 죽음으로 유발된다고 했다. 따라서 정상적 애도는 정서적으로 밀착되어 있던 사람의 죽음과 사별을 경험한 개인의 성격적 구조와 역동에 따라 다르다.

II. 애도 이론

1. 퀴블러 로스의 5단계 이론

엘리자베스 퀴블러 로스(Elisabeth Kubler-Ross)는 그녀의 책 『죽음과 죽어감(On Death and Dying)』에서 죽어가는 환자들이 겪는 5단계에 관한 이론을 제시했다. 그녀는 2년 반 동안 죽어가는 환자들을 인터뷰하면서 환자들이 공통적으로 겪는 감정과 행동의 변화를 추적하여 부정, 분노, 타협, 우울, 수용의 과정을 거치는 것을 발견했다. 이 이론은 죽어가는 환자들뿐 아니라 그들 곁에 함께하며 돌봄을 주는 가족들이 겪는 애도의 단계와 동일하게 적용되기도 한다.

1단계는 **부정**의 단계로, 상황을 믿으려 하지 않고 부정하는 단계다.

2단계는 **분노**의 단계로, 책임있는 사람이나 상황에 대한 분노가 일어나는 단계다.

3단계는 **타협**의 단계로, 상실의 영향력에 대해 깨닫고 타협하는 단계다.

4단계는 우울의 단계로, 자신이 아무것도 할 수 있는 일이 없다는 것을 깨닫고 좌절하여 우울한 단계다.

5단계는 수용의 단계로, 상실의 현실을 마주하고 새로운 상황에 적응하는 단계다.

2. 보울비의 애착이론

보울비(Bowlby, 1980)는 애도를 애착 대상의 상실로 보았으며 4단계의 과정을 거친다고 하였다.

1단계는 상실에 대한 충격에 압도되어 무감각해지는 단계다. 사랑하는 사람이 떠났다는 사실을 받아들이지 못하고 분노가 치미는 시기로 사별 1주일까지 지속된다.

2단계는 사랑하는 사람이 보고 싶고, 되찾고 싶어 찾아다니는 단계로 이때 발생하는 분노는 정상적인 애도반응이다.

3단계는 사별을 받아들이면서 우울하고 절망을 느끼는 단계다.

4단계는 생활을 재구조화하면서 추스르는 단계로 상처가 치유되면서 변화된 자신의 삶을 재구조화하려고 노력하는데, 이때 재구조화에 실패하면 병리적 비탄반응이 오랫동안 강렬하게 나타난다.

3. 스트로베와 슈츠의 이중과정모델

스트로베와 슈츠(Stroebe and Schut, 1999)는 기존 이론들이 사별과 관련된 다양한 스트레스 요인 간의 접근과 회피의 역동적인 상호작용을 반영하지 못한다고 주장했다. 그리고 사별 후 적응과정 이해에 초점을 맞추고, 사별의 스트레스를 상실지향적 요인과 회복지향적 요인의 두 가지 범주로 나누었다.

상실지향은 상실경험 자체에 초점을 두고 처리하는 과정으로 고인을 애타게 찾는 것이나 고인과의 기억을 반추하는 것과 같은 슬픔작업을 말한다. 회복지향은 사별의 결과인 이차적 스트레스 요인에 초점을 두는 것으로 사별 생활의 적응과 관련되며, 고인이 수행하던 역할이나 생활방식에 대한 적응, 새로운 자아정체성 확립, 일상적인 생활에 적응하기 등을 포함한다.

사별자는 두 개의 범주에 동시에 참여할 수 없으며, 이 두 과정 사이에서 동요하며 슬픔이 치유되는 과정에서 회복지향 요소들을 더 많이 갖게 된다. 시간이 흐름에 따라 사별자는 슬픔의 정서적 반응에서 벗어나며, 그렇지 않을 경우, 슬픔의 정서적 반응에 압도당함으로써 이러한 정서들이 일상생활을 지배하게 되어 더 큰 상실감과 불안감을 초래하게 된다고 했다. 따라서 상실의 슬픔을 해결하는 데 초점을 맞추기보다 상실감에 직면하고 그들의 삶을 회복해 가는 과정을 중요하게 본다.

4. 워든의 과업이론

워든(Worden, 2009)은 애도의 과업을 중심으로 애도를 직면과 사고의 재구성이 필요한 인지적인 과정으로 보고, 애도상담은 사별자들이 4가지 애도의 과업을 인식하도록 돕는 과정이라고 했다.

첫 번째 과업은 상실의 현실을 직면하는 것이다. 상실 초기에 상실의 현실을 수용하지 못하고 부인하는 것은 일반적인 반응이고 상실의 충격을 완화시켜주는 역할을 하지만, 과도하거나 너무 오랜 시간 지속된다면 문제가 된다. 따라서 상실의 현실을 직면함으로써 다른 과업으로의 이행이 가능하다.

두 번째 과업은 사별 슬픔의 고통을 겪으며 애도작업을 하는 것이다. 애착관계에 있었던 사람을 잃었을 때 느끼는 고통은 사람마다 다르다. 따라서 애도의 방법도 다르다. 이때 사회적 시선은 사별의 고통을 겪는 것을 방해한다. 사람들의 섣부른 위로의 말은 애도에 방해가 되고 슬픔을 회피하는 사람들의 일부는 대개 우울증을 겪게 된다. 따라서 자신의 감정을 억누르고 회피하는 것이 아니라, 그것을 표현하는 단계라고 볼 수 있다. 사별 이후에 느끼는 주요 감정을 적절히 표현할 수 있도록 도와주어야 한다.

세 번째 과업은 고인을 잃은 새로운 환경에 적응하는 것이다. 새로운 환경에 적응한다는 것은 고인이 없는 환경을 말한다. 적응 여부는 고인과 어떠한 관계였는지와 고인이 했던 역할에 따라 다르다. 고인에 의해서 행해졌던 모든 역할들은 상실이 일어나고 일정한 시간이 지나면서 점점 더 확실해진다. 유족들은 고인이 죽기 전에 했던 역할의 빈자리를 깨닫고 적응해야 할 뿐 아니라, 죽음으로부터 살아남은 사람으로서의 자아정체감을 형성해야 한다.

네 번째 과업은 고인에 대한 감정적 재배치와 삶을 살아나가는 것이다. 상담자는 유족들이 고인과의 관계를 단절하지 않고 고인을 위한 심리적 공간을 배정하도록 도와주어야 한다. 이를 통해 유족들이 효율적으로 살아갈 수 있게 된다. 고인과 연결되는 생각과 기억들을 통해 감정적 재배치를 하여 다시금 자신의 인생을 위한 투자와 설계를 할 수 있다. 감정적 재배치에 효과적인 것은 의례다. 추모관 방문, 고인의 물건 간직하기, 메모리얼 상자 만들기, 가족들과 스크랩북 만들기 등과 같은 고인의 삶을 추억하고 기억하는 활동이 도움이 된다.

5. 니마이어의 의미 만들기 이론

니마이어(Neimeyer, 2010)는 개인은 모두 자신만의 의미 체계를 가지고 있으며, 이를 자신의 경험과 다른 사람들과의 관계, 세계를 해석하고 행동하게 만드는 하나의 원리로 사용한다고 했다. 그런데 사별과 같은 생각지도 않은 갑작스러운 큰 사건을 만나게 될 때 자신의 믿음이 흔들리게 된다. 특별히 죽음으로 인한 상실은 세상이 위험하고, 예측불허하며, 정의롭지 않다는 생각을 불러일으킨다. 더욱이, 자신의 삶에 있어서 중요한 역할을 하는 사람의 죽음은 자신의 삶을 유지해 주는 근간을 흔들거나 잃게 만든다. 이로 인해, 인간의 유한함을 생각하게 되고 신의 존재와 사후세계에 대한 궁금증이 생기며, 삶의 의미를 다시 찾고자 하는 과정을 겪게 되는 것이다. 이는 자신들의 경험을 이해하고 의미를 찾기 위한 다양한 관점에서의 노력이며, 삶의 목적과 가치를 재구성하기 위한 과정이다. 의미 만들기의 과정은 사별자에게 있어 삶으로의 회복에 중요한 역할을 한다.

III. 애도의 반응

1. 정서적 반응

슬픔은 상실 후 나타나는 가장 일반적인 감정이다. 울음은 슬픔의 대표적인 표현으로, 타인으로부터 연민과 보호반응을 일으키며 경쟁적 행동을 유보하는 사회적 상황을 만든다(Parkes & Weiss). 상실 이후에 아무것도 느끼지 못하는 **무감각**도 주요 감정이다. 이는 애도자가 지나치게 압도적인 감정과 과업을 감당하기 힘들 경우 감각을 차단하여 애도자를 보호하려는 방어반응일수 있다. 이때 상실로 인한 여러 가지 감정을 구체화하지 못하고 슬픔으로 표현하기도 한다.

분노는 상실과 관련이 깊다. 사랑하는 사람이 자신을 떠난 것에 대해 분노를 느끼기 때문이다. 상실이 신의 방조에 의해 일어난 것처럼 느껴 신에게 분노하기도 하며 주변의 타인에게 향할 수도 있다. 그리고 그렇게 화를 내는 자신에 대한 분노로 전환되기도 하며 다른 것으로 대체될 수 있다. 그리고 애착 대상을 되돌아오게 할 수 없다는 무능감과 좌절을 경험하기도 한다.

죄책감은 애도자가 가장 많이 표현하는 감정이며 아쉬움과 후회의 형태로 나타난다. 자신이 살아 있다는 것에 대한 죄책감뿐 아니라 생전에 있었던 작은 실수로 인해 삶을 지속하거나 행복할 권리가 없다고 느끼기도 한다. 이러한 죄책감은 치유에 장애가 된다. 대부분 죄책감의 근거는 비합리적이고 현실검증에 취약하다. 미래를 향해 살아가야 하는 애도자에게 과거는 돌이킬수 없지만 미래는 지금 무엇을 하느냐에 달려 있다는 것을 인식시키는 것은 중요하다.

불안 역시 상실에 대한 흔한 반응이다. 상실은 다양한 원인이 존재하고 그 원인과 의존도에 따라 불안의 정도가 달라진다. 주변에 존재하는 사람들이나 그들로부터 받는 지지와는 상관없이 독립된 존재라는 실존적 자각이 불안을 극복하는 데 중요한 역할을 한다.

이밖에도 **무력감, 고독감, 해방감, 안도감, 우울** 등의 다양한 감정을 느낄 수 있다.

2. 신체적 반응

애도자는 심리적 증상뿐 아니라 다양한 신체적 증상도 경험한다. 뱃속이 텅 빈 것 같다거나 가슴이나 목이 조이는 것을 느끼기도 하고 근력이 약화되기도 한다. 에너지가 부족한 것을 느끼기도 하고 입이 마르거나 불면증, 식욕부진, 이인증(離人症), 일상업무 능력의 감소를 경험하기도 한다. 이러한 증상은 2~4개월 후에 사라지는 경우가 대부분이며 1년이 지나도 해결되지 않는다면 애도가 적절히 이루어지지 못하고 있다는 징표가 될 수 있다.

3. 인지적 반응

사별에 대한 자연스러운 인지 반응은 고인에 대한 집착이다. 이는 상실을 되돌리고자 하는 바람 때문이며 강박적인 사고 형태를 띨 수 있다. 이별을 감당하지 못해 정신적으로 붙잡고 있는 것이다. 이러한 집착은 침투적인 사고의 형태를 띨 수 있고, 죄책감이나 미해결 과제와 관련이 있을 수 있다. 또한 환청이나 환시와 같은 환각을 경험할 수 있으며 이러한 환각은 대체로 일시적으로 나타나며 상실 이후 2~3주나 한 달 사이에 발생한다. 그밖에 불신, 혼란, 수동적 자살 사고 등의 반응이 있을 수 있다.

4. 행동적 반응

사별 후 다양한 행동적 반응이 나타난다. 고통스러운 감정을 불러일으키는 장소나 사물을 피하기도 하고 반대로 고인을 잊을까 두려워서 매일 추모관을 방문하거나 고인의 사진을 가지고 다니기도 한다. 또한 고인의 물건을 애지중지하면서 버리지 않는 것도 자주 일어나는 반응이다. 안절부절 못하기도 하고 한숨을 자주 쉬고 울기도 하며 건망증이 심해지고 사회적 철수 증상을 보이기도 한다.

5. 애도반응에 영향을 미치는 요인

① 심리적 요인

애도자에게 상실이 갖는 의미를 이해시키기 위해서는 상실 대상에 대해 알아야 한다. 상실 대상을 결정할 때는 역할상실인지 대상상실인지를 인식해야 한다. 역할상실은 상징적 상실이며 지위나 기능의 상실과 관련이 있다. 대상상실은 물리적 상실이며 사람이나 사물을 상실한 것을 의미한다. 두 가지 상실은 동시에 존재할 수 있다. 부모를 잃은 자녀는 자녀로서의 역할을 잃었으며 부모라는 대상을 잃은 것이기도 하다. 관계의 질, 애착의 강도, 고인의 역할이 애도반응과 애도작업에 의미 있는 영향을 미친다.

② 성격 변인

애도반응을 이해하기 위해서는 개인의 성격 구조를 고려해야 하는데, 개인의 대처방식과 행동, 성격, 전반적인 정신건강 상태 등이다. 상황에 대한 대처행동은 대체로 익숙한 방식으로 이루어지며 사별과 같은 위기나 극단적인 스트레스 상황에서도 그렇게 반응할 것이라고 예측할 수 있다. 과거의 대처행동을 이해하면 애도 경험을 예상하는 데 도움이 될 수 있다. 보호자가 건강하고 적응적인 대처행동을 지지해 주고 애도자의 적응적이지 못한 대처행동을 파악하여 대안을 마련하도록 도와주는 것이 중요하다.

③ 과거의 상실 경험

과거의 상실 경험은 현재의 경험을 예상하고 대처전략을 마련하는 데 영향을 미칠 수 있다. 부정적이거나 극단적으로 고통스러웠던 경험은 애도 과정을 방해할 수 있다. 과거의 상실을 회피하거나 애도를 다 끝내지 못하면 미해결된 과제로 남아서 현재의 상실을 효과적으로 애도하는 데 방해나 갈등 요인이 될 수 있다.

④ 죽음의 방식과 시의성

죽음은 자연사, 병사, 사고사, 자살, 살인 등과 같이 다양한 방식으로 발생할 수 있다. 죽음의 방식에 따라 남겨진 사람에게 주는 의미와 애도방식에 영향을 미친다. 이때 애도자가 사망 당시의 정황을 어떻게 지각하느냐에 따라 수용 여부가 달라진다. 사고나 자살, 살인과 같이 예방할 수 있었다고 지각하는 죽음은 애도의 기간과 강도에 의미 있는 영향을 미친다.

예상할 수 있는 죽음이었는지 갑작스러운 죽음이었는지도 애도에 영향을 미친다. 예상할 수 있었던 죽음의 경우 해결되지 않은 갈등을 해소하고 나누지 못한 감정을 표현할 수 있는 기간을 보낼 수 있을 뿐 아니라 임박한 상실에 점차 적응할 수 있는 시간을 확보할 수 있다. 이와 반대로 갑작스러운 상실이 미치는 영향은 애도자가 충격에서 회복되기도 힘들고 대처능력이 훼손되어 애도 과정이 힘겨워질 수 있다.

⑤ 사회 문화적 배경

우리 사회에서 아동이나 젊은이의 죽음은 수용하기 힘들다. 나이가 많은 사람이 먼저 세상을 떠난다는 자연의 질서에 어긋나기 때문이다. 어린 자녀를 둔 젊은 부모의 죽음도 이른 죽음으로 간주된다. 심리적으로 수용할 수 있는 연령층에 속한다고 해도 은퇴와 같이 그동안 수고한 결실을 누릴 시점의 사망 역시 수용하기 힘들다. 그 밖에 종교적 경험과 영적 배경, 공존하는 스트레스, 이차적 상실, 생물학적인 성, 장례식 경험 등 다양한 요인이 영향을 미친다.

IV. 애도의 과정

1. 정상적 애도

사별 후 약 6개월에서 1년 정도의 애도기간을 거치며 고인이 없는 삶에 적응하기 위해 노력하며 서서히 일상생활을 할 수 있게 된다. 사별 경험이 자신의 삶에 통합되는 것이다. 정상적인 애도는 죽음을 인정하고 상실에 대한 완전한 이해를 통해 가능하다. 사별로 인한 정서적·인지적·행동적 반응은 사별 후 2~4개월 후에 자연스럽게 사라진다. 그리고 현실을 인정하고 적응하면서 새로운 삶을 시작한다. 그 후에도 기일이나 기념일에는 극심한 심리적 고통이 찾아올 수 있지만 이는 정상적인 반응이다. 안정적인 애도 과정을 보내고 사별 후 6개월 이내에 사별로 인한 비애에서 벗어나 사별 이전의 삶을 회복하고 자연스럽게 애도 과정을 마치는 것이 정상적 애도이다.

2. 복합성 비탄(지속적 복합사별 장애)

사별을 받아들이지 못하고 장기적으로 슬픔을 느끼고 비합리적인 죄책감을 경험하며 지속적인 애도를 표현하는 경우를 복합성 애도라고 한다. 가까운 사람의 죽음을 겪은 이들 중 7~10%가 겪는 대표적인 증상으로, 추가 연구가 필요하다는 조건을 달고 지속적 복합사별 장애라는 진단명으로 『DSM-5(정신질환 진단과 통계 매뉴얼)』에 수록되었다(2013).

고인과 관련된 물건이나 장소에 지나치게 마음을 쓰고 고인과 관련한 생각에 사로잡혀 평소에 하던 일을 하지 못하거나 상실 후 많은 시간 동안 외로움을 느끼고, 때로 고인의 환청과 환시를 경험하기도 한다. 또한 고인의 죽음에 화가 나는 것을 참을 수가 없고 사람들을 믿기 힘들어한다. 그와 달리 고인을 떠올리지 않기 위해 노력하는 경우도 있다. 복합성 애도 반응에는 4가지가 있다.

첫째 만성형 비탄 반응은 오랜 시간이 지나도 자신의 애도가 끝나지 않았다고 생각하며 슬픔의 기간이 과도하게 길어지는 것이다.

둘째 지연된 비탄 반응은 사별 당시 상실에 대한 슬픔의 표현이 금지되거나 충분히 표현하지 못했다가 이후 다양한 상황에서 부적절한 방식으로 표현된다.

셋째 과장형 비탄 반응은 사별한 사람과의 관계에서 표현하지 못했던 죄책감을 보상받으려고 슬픔을 유지하려고 한다.

넷째 위장된 비탄 반응은 자신을 힘들게 하는 여러 증상을 경험하지만 그것이 상실과 연관된 증상이나 행동이라는 사실을 인정하지 않는다.

V. 애도상담

애도상담을 위해서는 애착, 상실, 애도 과정의 역동을 이해하는 것과 전략이 필수적이다. 죽음으로 인한 상실 이후의 고통은 애도자의 개인적인 현실 경험에 대한 자연스러운 표현이며 재조직화와 적응 과정의 자연스러운 일부이다. 또한 대부분의 사람들은 건강한 적응에 필요한 자원을 가지고 있다는 것을 이해하고 받아들여야 한다.

애도는 한 개인의 세계관에 큰 영향을 받는다. 따라서 문화적 경험이나 집단적 경험과 그와 관련된 세계관에 대한 고정관념이나 선입견에 민감해야 한다. 애도상담을 위해서는 같은 인간으로서의 유대감과 애도 경험과 관련된 요소의 보편성을 인정해야 한다.

마르틴 부버(Martin Buber)는 치료적 개입을 위해서는 '나'와 '너'의 관계가 되어 내담자와 상담자의 독특한 경험으로 나아가야 한다고 했다. 이때 상담자는 내담자의 이야기를 제3의 귀를 통해 경청하며 진술하게 함께한다. 내담자의 이야기는 그의 세계관과 관련된 문화적 경험과 개인적 경험을 포함하므로 내담자를 그만의 고유한 관점으로 이해해야 한다. 상담자와는 다른 경험이나 세계관, 신념, 대처기제 등을 가지고 있는 내담자들을 그들의 관점으로 이해해야 하며 상담자에게 어떻게 보이는지와 상관없이 고치려고 시도하지 말아야 한다.

내담자는 초기 단계에서 충격에 빠져 있거나 외부와의 접촉에 투자할 에너지나 동기를 거의 지니고 있지 않다. 따라서 초기 개입은 접촉하고 함께 있어 주는 것에 주안점을 둔다. 내담자가 충격을 받고 혼란스러운 상태이므로 신체적으로나 정서적으로 함께함으로써 그가 혼자가 아니라는 것을 전달하고 내담자들이 삶의 공간에 다시 초점을 맞출 수 있도록 조력해야 한다. 상담은 당면한 문제의 해결책을 찾는 데 초점을 맞춘다. 이때 어떠한 사고와 감정이라도 표현하면 온정적인 지지와 이해를 바탕으로 받아들여질 것이라는 메시지를 전달해야 한다.

사회적 지지는 중요한 요인이므로 내담자가 스스로 고립되지 않도록 해야 한다. 초기에는 강렬한 정서적 반응이 나타나는 시기이므로 내담자의 주관적이고 혼란스러운 현실을 회복하기 위해서 타인을 통해 안도감, 질서, 객관적인 현실감을 얻는 것이 도움이 된다.

내담자가 고인에 대한 감정과 기억을 언어로 표현하도록 격려해야 한다. 내담자들은 사별로 인한 고통과 괴로움을 표현할 수 있는 기회가 필요하다. 고인에 대한 기억과 과거의 사건을 회상하는 것은 상실을 수용하고 무엇을 놓쳤는지 밝히는 데 도움이 된다.

하지만 상실을 애도하는 것만으로는 충분하지 않다. 이후에 발생할 수 있는 2차 상실을 파악해야 한다. 2차 상실이란 내담자가 고인과 맺은 관계에서 있었던 이전 가족이나 사회적 지위, 재정적 어려움 같은 것을 의미하며 1차 상실보다 더 큰 어려움에 직면할 수 있다.

이 외에도 상담 과정에서 상실을 회복하는 데 필요한 조건을 이해하고 촉진하기 위하여 본인이 완수하게 된 시점을 알 수 있도록 하는 것이 중요하다. 이를 통해 미래를 지향하면서 회복될 수 있고 슬픔에 사로잡히지 않는다면 어떻게 될지 자각할 수 있다.

1. 애도 위기개입 모델(Everly, 1995)

① 안정화

먼저 상담자가 인사와 함께 자기를 소개하면서 도움을 준다는 메시지를 전달한다. 그리고 상담 과정을 설명하고 비밀보장에 대한 내용을 전달한다. 이때 차를 대접해 긴장을 풀어주는 것도 도움이 될 수 있다.

반영적 경청과 공감적 이해를 통해 치료적 관계(라포)를 형성하는 것은 내담자와 상담자가 내담자의 세계에서 온전히 만나는 것을 의미한다. 라포를 형성한다는 것은 상담자가 내담자의 경험과 세계관에 무조건 동의하고 동감한다는 말이 아니라 내담자의 경험과 가치관을 있는 그대로 인정하고 존중하며 함께 바라본다는 것을 의미한다. 상담자가 내담자의 말을 경청하고 공감하며 관심을 가지고 있다고 생각할 때 내담자와의 치료관계에서 보다 협력적이며 긍정적인 변화를 도출해 낼 수 있다.

② 인정하기

내담자들이 편안하게 이야기할 수 있도록 격려하면서 그 사람이 어떻게 느끼는지 구체적으로 들어주고 공감적인 반영을 한다. 이야기하다가 불편하거나 힘들면 쉬었다가 할 수 있다는 안내를 할 필요가 있다. '가버렸다'와 같이 죽음을 비유적으로 표현하는 것보다는 '죽음'이라는 단어를 직접적으로 사용함으로써 무엇이 일어났는지를 분명히 인식하게 한다(Cable). 내담자들은 상실의 고통을 다루는 것을 배워야 하며 상담자는 추측해서 말하는 친절하고 부드러운 단어를 피한다.

내담자들은 다양한 상실경험을 가지고 있는데, 자기보고를 통해 구체적인 관점을 파악함으로써 상담자는 어떻게 개입할 것인지를 구분할 수 있다. 이때 죽음에 대해 내담자가 어떻게 느끼고 해석하는지를 파악하고 합리적이거나 비합리적인 사고를 표현할 기회를 제공한다. 그리고 질문을 통해 현재 가장 힘든 것과 원하는 것을 탐색한다.

사람마다 스트레스 상황에 대처하는 반응은 다르다. 대부분의 사람들은 그 반응들이 스트레스 반응인지 지각하지 못하는 경우가 많으며 당황스러워한다. 이때 상담자는 내담자에게 다양한 애도반응을 이해시키고 스스로 자신의 반응을 탐색할 수 있도록 하며 그 반응들을 이해할 수 있도록 돕는다.

③ 이해 촉진하기

부정적인 고통과 슬픔을 정상화하는 단계다. 이 과정에서 고통스럽고 슬픈 감정을 표현한다는 것은 죽음이라는 사실을 이해하고 재인식하는 과정에서 자연스러운 것이다. 또한 고인에 관한 믿음을 포기하는 과정이고 고통과 슬픔이 없는 것이 불가능하다는 현실에 기초하여 새로이 적응하는 것이다.

역기능적인 애도 과정에서는 고통과 관련된 이차적 증상들로, 슬픔을 지연하거나 거부하거나 회피하거나 통제해야 한다는 비합리적 신념이 생길 수 있다. 고통을 당해야 한다고 자신에게 요구하거나 고인이 잊혀질까 봐 자신을 자책할 때도 있다. 반대로 고통을 회피하려 하고 즐거움을 찾으려는 탐색은 죽음과 같은 심각한 외상적 경험을 정상화하는 데 방해가 된다. 따라서 부정적인 감정을 표현함으로써 죽음을 받아들이고 재인식할 수 있도록 도와야 한다.

④ 효과적인 대처 권장하기

내담자의 자기비난을 자기수용으로 변화하도록 돕는다. 내담자는 상담 과정에서 기능적이고 역기능적인 신념의 차이와 그 결과 등을 배운다. 또한 내담자의 회피행동이 그들의 고통을 막아주지 않을 뿐 아니라 실제적으로 불행한 외적 사건들을 맞닥뜨릴 때나 통제감이 적다고 느낄 때 오히려 고통이 증가한다는 것을 깨닫게 한다.

이때 내담자의 불안을 극복하는 것에 초점을 맞춘다. 고통은 불가피한 것이고 견딜 만하다는 인식을 통해 사별을 적응적으로 경험할 수 있도록 이끄는 것이 중요하다. 통제감을 증진시키고 신체적, 인지적 고통을 극복하도록 인식시키는 것이 필요하다. 이를 통해 상실에 대처할 수 있는 대안적인 방법들과 고통을 견딜 수 있는 방법을 찾는다. 이때 고인과의 단절이 아닌 지속적 유대감을 가지는 것이 중요하므로 그 방법을 찾을 수 있도록 돕는다.

⑤ 회복하기 / 의뢰하기

사별 후 애도기간 동안 적절한 개입을 통해 안정을 찾을 수 있도록 도와주어야 한다. 위기 개입을 통해 일시적인 안정감을 찾을 수 있으나 내담자에 따라 다양한 기법을 활용하여 정상적인 애도를 할 수 있도록 맞춤형 상담을 연계하여 관리하는 것이 필요하다. 위기의 순간은 넘겼지만 지속적인 관심을 통해 세심하게 보살펴야 할 필요가 있으므로 내담자를 위한 지지 시스템을 구축해 놓아야 한다. 복합성 애도로 가기 전에 건강하게 애도할 수 있도록 도움을 요청하거나 정보를 제공해 주는 것이 필요하다.

2. 개인상담

① 상담 기법

상담자는 모든 상담에서와 마찬가지로 **공감과 경청**의 자세로 임한다. 현재 내담자에게 관심을 가지고 함께 있다는 느낌을 전달해야 한다. 특별히 애도 상담은 감정을 충분히 표현할 수 있도록 해야 하므로 내담자의 **감정을 인지**하여 확인시켜 주는 것이 중요하다. 내담자들은 자신이 느끼는 감정에 대해서 구체적인 표현을 하지 않고 이야기로 풀어내는 경우가 많다. 상실로부터 오는 자연스러운 감정들을 인지하는 것은 감정을 이해하고, 그로부터 벗어나는 데에 중요한 일이다. 이를 위해 상담자는 상실 이후에 겪게 되는 주요 감정들에 대해서 잘 알고 있어야 하며, 이를 인지해서 알려주는 것이 필요하다.

상담 과정에서 내담자의 진술 내용이나 의미를 반복하거나 바꾸어 말하는 것을 재진술이라고 하는데, 비슷하거나 적은 단어를 사용하고 내담자 진술보다는 구체적이고 분명하다. 재진술은 간접적 또는 직접적으로 표현할 수 있으며 방금 말한 내용과 관련이 있거나 전에 다룬 내용과 관련 있을 수 있다.

내담자는 언어를 통해서뿐 아니라, **비언어적인 표현**으로 메시지를 전하기도 한다. 이러한 비언어적인 요소들을 잘 파악하고 내담자의 상황과 감정, 그리고 말하고자 하는 바를 파악하는 것은 중요한 일이다. 비언어적 표현은 몸짓, 자세, 어조, 접촉, 얼굴 표정 등 다양한 행동들을 포함한다.

상담자는 **개방형 질문**을 통해서 내담자가 한 말의 내용을 정확히 이해하고 있는지 확인할 수 있으며, 내담자가 제공한 정보가 미흡하다고 생각될 때 개방형 질문을 통해 다시 한 번 설명할 기회를 제공한다. 질문을 할 때는 의심하거나 비난하는 태도가 아니라 내담자에 대해 진심으로 이해하고자 하는 태도를 가지며, 감정을 알려고 노력하는 것이 중요하다.

② 개인상담 시 주의사항

상담사는 상담 과정에서 내담자가 말하는 어떤 사실에 대해서 상담자가 궁금한 것을 묻지 않도록 하며 해결이나 답을 주려고 하지 않아야 한다. 또한 상투적인 말을 피하고 내담자의 행동에 대한 판단적인 이야기를 하지 않도록 주의해야 한다. 그리고 상담자의 경험에 대해서 말하고 싶은 충동을 억제하며 감정에 머무는 것이 중요하다.

③ 개인상담의 회기 구성과 진행

전체 회기는 8~10회기로 구성한다. 애도상담은 일반 심리상담과 달리 상담자가 애도의 여정에 동반하는 과정을 통해 내담자가 자발적으로 애도의 과정을 잘 겪어나갈 수 있도록 돕는 과정이다. 첫 회기는 내담자가 경험한 상실과 그로 인한 문제가 어떠한 것인지를 탐색하는 시간이다. 내담자가 편안한 분위기에서 이야기할 수 있도록 하고, 상실로 인한 문제를 분석하여 앞으로의 상담 목표와 계획을 세우는 시간이다.

이후 상담의 과정에서 내담자의 현재 상황에 대한 탐색과 이해가 이루어져야 하며, 상실 경험과 주요 감정을 탐색하는 데 표현되지 않거나 억눌린 감정에 대해서 다룬다. 이후 고인과의 관계를 재배치하고, 상담관계 안에서 도움을 제시해야 한다.

3. 집단상담

① 집단상담의 구조

사별슬픔을 겪는 집단은 일반적으로 정서적 지지, 교육, 사회적인 목적들 가운데 하나 이상의 목적을 가지는 폐쇄적 집단으로, 한정된 기간에만 존재하며 집단원은 동시에 들어가고 동시에 나가는 것을 원칙으로 한다. 모임의 횟수, 길이, 집단의 크기, 모임 장소, 비용은 사전에 결정되어야 한다.

집단 구성은 동질성을 고려하는 것이 중요하다. 비슷한 상실 유형별로 구성하며 남녀 구성원 비율도 고려하는 것이 좋다. 상실이 일어난 후 6주 정도 지난 후에 참여하도록 하며 상황에 따라 6개월이 지난 후 참여하는 것을 권유하기도 한다. 이때 다중상실을 겪은 사람이나 자살과 같은 상실을 경험한 사람은 병리적 현상과 감정적 문제가 있을 수 있어 제한할 수 있다.

집단원 선정 시 지원자들의 기대를 솔직하고 확실하게 다루어야 한다. 첫 모임 전에 집단원 선정을 위한 인터뷰 시 집단 후보자들의 기대를 적절하게 형성시키고, 그들이 집단 구성원이 되는 것에 대한 비현실적인 두려움을 다뤄주어야 한다. 익명을 요구하거나 자신을 오픈하려고 하지 않는 사람은 선정에서 배제하며 교육적 목표를 둔 다른 집단을 소개하는 것이 좋다.

② 집단상담의 원칙과 주안점

내담자들의 안전감과 안정감을 위해 행동과 태도에 대해 정해둔 원칙이 필요하며 회기가 진행되는 동안 지속적으로 반복해서 상기시키는 것이 중요하다. 또한 상담에 빠지거나 지각하지 말아야 하고 집단에서 공유한 정보는 외부에 유출하지 않도록 한다. 그리고 자신의 선택에 따라 자유롭게 자신의 사별 경험을 나눌 수 있어야 하며, 모든 집단원에게 동일한 시간을 배정한다. 그리고 원하지 않는 한 조언을 하지 않는다.

집단원들이 집단에 충분히 어울릴 수 있도록 배려하여 소속감을 느낄 수 있도록 하는 것이 중요하며, 집단에서 자신의 말이 영향을 미치고 있다는 인식과 다른 사람들로부터 돌봄을 받는다는 느낌을 받는 것에 주안점을 둔다.

③ 집단상담의 기능

애도 집단상담의 기능은 애도를 돕는 것이다. 따라서 참여자들은 유사한 경험, 생각, 감정을 가진 다른 사람들을 만나 공감의 경험을 할 수 있다. 애도를 회피하고 억제하도록 만드는 문화에서 많은 사람들이 경험하는 소외된 감각에 맞서게 하고 참여자들이 스스로에게 온정적으로 대하도록 도움으로써 그들이 슬픔에 관한 자신들의 많은 생각과 감정들을 탐색하게 한다.

그리고 집단 안에서 서로를 지지하고 자신에 대한 이해와 다른 사람을 이해하도록 격려한다. 애도를 이해하지 못하고 일상으로의 복귀를 재촉하는 사람들에게 접근하는 새로운 방법들을 배울 수 있도록 기회를 제공하는 것이다. 그뿐 아니라 돌봄에 미숙하고 불안하게 만드는 환경 안에서 동료들을 신뢰하고 다시 결속하도록 돕는다. 삶과 죽음에 대한 의미를 찾도록 열린 공간을 제공하고 다시금 삶에 대한 열의를 일깨워줄 수 있고 치유에 대한 희망을 줄 수 있는 지지적인 환경을 제공함으로써 애도를 돕는다.

④ 집단상담 진행 시 주의사항

사별이 가지는 특성에 유의하여 특정 종교기관에서 진행하는 경우가 아니라면 인도자 자신의 종교적 성향이 드러나거나 자신의 종교적 대처 방법이 무의식적으로라도 강요되지 않도록 한다. 집단이 진행되는 동안 참가자들과의 개인적인 접촉을 피하고 혹시라도 개인적으로 제기되는 이슈는 반드시 집단 내에서 다루도록 한다. 상담자의 설명이나 경험이 지나치게 길어지지 않도록 주의하며 집단이라 할지라도 한 사람 한 사람에게 관심을 두어 감정을 인지하고 적절한 질문을 통해 감정을 표현하도록 돕는다. 그 밖에도 한 사람이 이야기를 주도하지 않도록 적절한 개입을 통해 시간 배정을 공정하게 하도록 한다.

VI. 마무리

애도상담은 필요한 시기에 적절한 개입을 하는 것이 중요하다. 최근 애도상담을 하면서 만난 사람들에게서 의미있는 경험을 했다. 3년 전 남편의 사별을 경험한 사람이 있었는데, 그는 울어보지도 못한 채 마치 남편이 있는 것처럼 살았다고 한다. 애도상담을 하면서 상실을 자각하고 슬픔을 느끼기 시작하자 비로소 울기 시작했다고 고백해 왔다. 사별 후 2년이 지나도록 남편의 물건을 버리지 못하고 그대로 두고 살았다는 또 다른 사람이 있었다. 애도상담 후에 비로소 그녀는 남편의 물건을 정리하기 시작했다. 그밖에도 슬픔에 빠져서 일상생활을 하기 힘들었다는 사람이 있었다. 그는 회복기를 지나 새로운 출발을 시작하기로 마음먹고 사별자들을 위한 봉사를 시작했다.

이처럼 애도상담은 사별자들이 상실의 고통을 극복하고 고인이 없는 새로운 환경에 적응하여 일상 기능을 회복하도록 돕는 것이다. 이때 상담자들은 그들이 안정감을 느끼고 충분히 애도할 수 있도록 살펴야 할 것이다.

๑๑ 애도에 대해 생각해 봅시다

1. 가까운 사람의 사별을 경험한 적이 있습니까? 있다면 누구였으며, 어떤 죽음이었습니까?

2. 사별 후에 어떤 감정의 변화를 경험했습니까?

3. 어떤 애도의 과정을 겪었습니까?

4. 애도 과정 중에 함께 했던 사람이 있었습니까? 있다면 어떤 도움이 됐습니까?

5. 충분한 애도를 하지 못했다면 어떤 이유로 충분한 애도를 하지 못했습니까? 그리고 어떤 과제가 남아 있다고 생각하십니까?

참고문헌

1장 삶과 죽음에 대한 생각

01 생사관 _ 삶과 죽음의 이해
배영기, 『죽음에 대한 문화적 이해』, 한국학술정보, 2006.
유호종, 『죽음에게 삶을 묻다』, 사피엔스21, 2010.
이은봉, 『한국인의 죽음관』, 서울대학교출판부, 2000.
이이정, 『죽음학 총론』, 학지사, 2011.
장회익, 「생명과 인간」, <과학사상>, 범양사, 1997.
한림대학교 생사학연구소, 『생과 사의 인문학』, 모시는 사람들, 2015.
G. W. Rowe, *Theoretical Models in Biology*, Oxford University Press, 1994.

02 철학에서 보는 죽음
강선보 외, 『죽음과 교육』, 동문사, 2019.
마르틴 하이데거, 『존재와 시간』, 이기상 역, 까치글방, 1998.
박충구, 『인간의 마지막 권리』, 동녘, 2019.
유호종, 『죽음에게 삶을 묻다』, 사피엔스21, 2010.
이은봉, 『한국인의 죽음관』, 서울대학교출판부, 2000.
이이정, 『죽음학 총론』, 학지사, 2011.
정동호 외, 『철학, 죽음을 말하다』, 산해, 2004.

03 종교에서 보는 죽음의 영성
오진탁, 『죽음, 삶이 존재하는 방식』, 청림출판, 2004.
서혜경, 『노인죽음학개론』, 경춘사, 2009.
한국종교학회, 『죽음이란 무엇인가』, 창, 2009.

이이정, 『죽음학총론』, 학지사, 2011.

김옥라 · 정진홍 외, 『죽음준비교육 20강』, 샘솟는기쁨, 2021.

윌리엄 하트, 『고엔카의 위빳사나 명상』, 김영사, 2017.

강원남, 『누구나 죽음은 처음입니다』, 메이드인, 2018.

권석만, 『삶을 위한 죽음의 심리학』, 학지사, 2019.

이강옥, 『죽음서사와 죽음명상』, 역락, 2020.

2장 죽음 관련 수용과 의사결정

04 죽음 체계와 죽음 유형

노유자 외, 『호스피스 · 완화의료』, 현문사, 2018.

이상명, 「고독사에 대한 법적고찰-노인 고독사에 대한 법사회학적 논의를 중심으로」, <법과 정책연구 16(4)>, 한국법정책학회, 2016.

이이정, 『죽음학 총론』, 학지사, 2011.

이준일, 『13가지 죽음』, 지식프레임, 2015.

최지연, 「고독사 예방 정책방안 연구」, 연세대학교 보건대학원 석사논문, 2018.

05 죽음과 관련 법

각당, 『웰다잉강사양성 교재』, 2009, 2010.

고득성, 『상속 – 행복과 재산을 지켜주는 최고의 가족 재테크』, 다산북스, 2009.

국세청, 『세금절약가이드Ⅱ 양도소득세 상속 · 증여세』, 2010.

김학경, 『유언 – 살아 있을 때 써야 할 분재기』, 보누스. 2010 (P.10, 64-71).

법무실무연구회, 『재산상속 유언 유증 상속세 및 증여세』, 양서원, 2006.

로이 윌리암스 · 빅 프레이저, 『상속을 준비하라』, 박인섭 · 김병태 역, 한솔아카데미, 2008.

상속과 유언에 관한 법률.

장기 등 이식에 관한 법률.

장사 등에 관한 법률.

짐 스토벌, 『최고의 유산 상속받기』, 정지운 역, 예지, 2001.

호스피스 완화의료 및 임종과정에 있는 환자의 연명의료결정에 관한 법률.

경상일보(www.ksilbo.co.kr)

한국공공조직은행(www.khtb.or.kr)

사랑의 장기기증운동본부(www.donor.or.kr)

여성경제신문(www.womaneconomy.co.kr)

06 임종과 상장례

국사편찬위원회 편,『상장례, 삶과 죽음의 방정식』, 두산동아, 2005.

박의서,『한국의 전통 장례』, 재원, 2002.

박태호,『장례의 역사』, 서해문집, 2006.

신동흔,『살아 있는 한국 신화』, 한겨레출판, 2014.

이용범 엮음,『죽음의례 죽음 한국사회』, 모시는사람들, 2013.

조계화 · 이윤주 · 이현지,『죽음학 서설』, 학지사, 2006.

3장 돌봄과 애도

07 생애주기와 생사교육

권석만,『삶을 위한 죽음의 심리학』, 학지사, 2019.

권인수 · 권윤정 · 김지현 · 김태임 · 유미 · 이수연 · 이은영 · 정승은 · 김춘미,『성장
    발달과 건강』, 수문사, 2017.

신명희 · 서은희 · 송수지 · 김은경 · 원영실 · 노원경 · 김정민 · 강소연 · 임호용,『발
    달심리학』, 학지사, 2013.

이이정,『죽음학 총론』, 학지사, 2011.

조계화 · 이윤지 · 이현지,『죽음학 서설』, 학지사, 2006.

찰스 A. 코르 · 도나 M. 코르,『현대 생사학 개론』, 한림대학교 생사학연구소 역,
    박문사, 2018.

김성준, 「세대별 좋은 죽음인식 비교에 관한 연구」, 한서대학교 석사논문,
2015.

문영희, 「비행청소년과 죽음교육의 과제」, 한국교정복지연구, 제10호, 2007.

박종현, 「웰다잉을 위한 죽음준비 교육연구」, 장로회신대학교 박사논문, 2013.

박현정, 「청소년 죽음교육 프로그램 개발과 효과성 연구」, 성결대학교 박사논
    문, 2015.

서미숙 · 강유정 · 윤지윤 · 김태연 · 조혜순 · 박소연 · 이시연 · 장지혜 · 김유진 · 강

믿음, 「호스피스 환자와 가족을 위한 임종교육 시청각 자료 개발」, 한국호스피스 완화의료학회지 Vol.19(3), 2016.

신숙자, 「죽음준비 교육프로그램이 대학생의 죽음과 자살에 대한 태도에 미치는 영향」, 부산가톨릭대학교 석사논문, 2004.

이나영, 「발달단계별 죽음준비교육 프로그램의 효과에 대한 메타분석」, 한림대학교 석사논문, 2018.

전영란, 「학령기 아동의 죽음인식에 관한 탐색적 연구」, 호스피스학술지 제8권(1), 2008.

통계청, 인구동향조사 출생·사망통계(잠정), 2023.

Levinson. D. J., *The seasons of a man's life*. New York, Knopf, 1978.

Kalish, R. A., *Death, Grief, and Caring Relationships*(2nd ed). Brooks/Cole Publishing Company : Monterey, California, 1985.

08 호스피스·완화의료와 말기 돌봄

노유자 외, 『호스피스·완화의료』, 현문사, 2018.

보건복지부, 『호스피스·완화의료 사업안내』, 2023.

중앙호스피스센터, 『완화의료 팀원을 위한 호스피스·완화의료 개론』(2018년 개정판), 2018.

중앙호스피스센터, 『호스피스·완화의료 전문인력 e-learning 교육과정 매뉴얼』, 2017.

한국호스피스완화간호사회, 『호스피스 완화간호』, 현문사, 2021.

한국호스피스·완화의료학회, 『호스피스·완화의료』, 군자출판사, 2018.

09 애도상담

육성필·박혜옥·김순애, 『애도의 이해와 개입』, 박영스토리, 2019.

마리아의작은자매회, 『모현상실수업 7기 교재』, 2016.

양준석, 『코로나를 애도하다』, 솔트앤씨드, 2022.

David K. Switzer, 『모든 상실에 대한 치유, 애도』, 최혜란 역, 학지사, 2011.

엘리자베스 퀴블러 로스, 『죽음과 죽어감』, 이진 역, 청미, 2018.

Stephen J. Freeman, 『애도상담』, 이동훈·강영신 역, 사회평론아카데미, 2019.

베레나 카스트, 『애도』, 채기화 역, 궁리, 2015.

생사학실천마을

(https://ssmaeul.tistory.com)

생사학실천마을은 생사학 관련 활동가들이 모여 각자 보유한 지식과 자산을 상호 소통하고 순환하여, 삶과 죽음의 존엄과 의미를 끌어내는 의식 전환을 추구하는 애도 코뮤니타스입니다. 이를 위해 회원간 긴밀한 연대와 협조를 도모하고 생사학 발전을 지원하며 국내외 죽음교육 관련 단체와 교류함으로써 죽음을 삶의 일부로 기꺼이 수용하는 건강한 사회와 공동체 발전에 이바지함을 목적으로 합니다.

2021년 3월 28일 '웰다잉 문화조성 관련 동향에 대한 난상토론'을 중심으로 모임을 시작하였으며 이후 죽음 관련 저자와 만남, '생사학과 죽음교육 기초 및 실제과정'을 운영하고 있으며, 생사문화 관련 스터디와 토론회, '생사문화주간' 운영 등을 통해 생사학을 현장에서 씨를 뿌리고 일구는 작업을 하고 있습니다. 생사학실천마을은 우선적으로 생사학 활동가 네트워크 활성화를 도모하고 있으며, 더불어 생사학 연구지원과 생사 문화활동 활성화를 위해 크게 3팀으로 모임을 구성하여 운영하고 있습니다.

생사학실천마을은
함께 연구하고 작업하며 실천합니다.

사유와 성찰	공유와 확산	소통과 케어

연구 Study	**실천 Link**	**작업 Work**
•공동 Study •공동연구 •생사학아카이브	•On-Line 공간 •네트워크운영 •연대(연구소, 협회)	•교육(지역, 학교) •애도상담집단 •프로그램개발

사유와 성찰을 위한 연구팀에서는 한국적 생사학 정립과 확산을 위한 공동 스터디와 공동연구사업, 자료집 출간과 번역·출판사업을 기획 운영하고 있습니다.

공유와 확산을 위한 실천팀에서는 자살예방과 생사문화 실현을 위한 시민문화사업 등을 기획하고 있으며, 관련 단체와의 연대와 네트워크 운영에 힘을 쏟고 있습니다.

소통과 돌봄을 위한 교육팀에서는 생사학 관련 교육과 학교·기관·지역에서 생사학 강좌사업을 운영하고 있으며 애도 프로그램 집단 개발과 운영을 위한 사업을 기획하고 있습니다.

현재 생사학실천마을 구성원은 지역에서도 활발히 활동을 하고 있습니다. 소개하면, 생사학실천마을(양준석 대표), 생사학아카데미(이지원 소장), 부산 웰다잉문화연구소(오영진 소장), 마음애터 협동조합(양준석 대표), 아주작은상담실 공감(정영미 소장), 행복한웰다잉연구소(강원남 소장), 웰다잉포유연구소(이미영 소장) 등이 활동하고 있습니다.

"존재하는 모든 것에는 이유가 있다! 당신도 그렇다!"
15년간 숲 해설을 하며 자연에서 배운 삶의 지혜

추순희 지음

"사진과 함께 보니 그곳에 있는 것 같기도 하고, 녹차 같은 책
이네요."
_ 알라딘 독자 maru×××

40년간 맥진기로 맥동과 맥파를 해석…
"병명을 몰라도 병인을 알면 치료할 수 있다!"

숨어 있는 병의 원인을 과학적으로 찾아내는
한의학적 건강검진

황재옥 지음

30년간 3만명 이상의 임상 사례에 따른 결론…
"이명은 전신질환이다!"

67밴드 미세청력검사와 10가지 한의학적 진단에 따른 치료

이내풍 지음